U0018277

愛是勇者的遊戲

阿噶巴仁波切對於愛與真理的探索

阿噶巴仁波切 著

自序

八歲的時候我想要自殺。那是在四川康區我從小長大的寺院，我的上師出門了，出門前給我留了很多功課，說回來要檢查。那正是秋天，青稞收割後的田野，玩耍起來特別開心，本來想玩一會兒就背功課的，不知不覺，時間不知怎麼就過去了，剛剛還是早上一轉眼天就黑了，這才想起了功課的事。最糟糕的是，我的經書在玩耍時不知被放到哪兒，怎麼也找不到了。當時我完全慌了。那本經書非同尋常，是我上師的上師親筆抄錄的，因為用得太久，每一頁都被酥油浸透了。師父交給我經書的時候，非常鄭重地叮囑我要保管好，當時師兄們羨慕的眼神我還記憶猶新。

小時候我是個很反叛、頑皮的孩子，上師一直對我非常嚴厲。我的上師是我小時候最討厭的人，而且以我當時的看法他非常虛偽，因為他每天跟我們講對眾生慈悲，但對我一點也不慈悲，好像我不屬於眾生一樣。如果他回來發現我不但沒做功課，還把那麼重要的經書丟了，那等著我的不單單是一頓暴打，肯定還有更可怕的懲罰。想到此，我覺得自殺是當時唯一可行的辦法。我從尋找經書變成在各處尋找可以殺死自己的東西。

刀，剪刀，任何尖利的東西，但最終我只找到一節用來固定大包藏茶的削尖的竹扦，我摸了摸，試了試，覺得還行，又開始找沒有人的、可以自殺的地方，找來找去，好像只有廁所。我拿著尖竹扦，衝自己的胸口比畫著溜進廁所，一進去就傻了眼！師父不知道什麼時候回來了，正在上廁所，他看見我二話不說就給了我一巴掌，問我不做功課到處晃悠什麼？嚇得我把竹扦鬆手掉在地上，慌忙跑了。連自殺的計畫都被上師破壞，我完全絕望了。

十一歲的時候我計畫逃走。那是我第一次正式閉關，師父帶著我和師兄在神山的山洞裡住了十一個月。寺院的生活雖說嚴格，和那次閉關比起來簡直算不上什麼。去之前師父渲染說那著名的神山如何如何，滿山都是桃子蘋果，如同仙境，我天生愛吃水果，心裡滿是期待。結果那裡既沒有桃子也沒有蘋果，連吃的都常常沒有，我們住的山洞沒有門窗也沒有被褥，夏天的時候糌粑發黴長了毛，拿到太陽下曬曬就吃了，從早到晚地念經、上課、打坐、持咒等等，那個辛苦啊，還要在地上灑上細土，用樹枝在上面練習書法，寫一遍擦一遍，每天寫幾十遍，寫得手上都起了泡。因為長時間坐在堅硬的岩石上，屁股完全爛了，瘦得皮包骨頭。

師父所傳的無論是無上密法還是大圓滿，佛教的這些東西跟我一點也連接不起來，只是在那種情景下被迫聽著。觀想的時候，連個本尊的影兒也看不見，全是我在寺院裡、草原上玩耍的情景，草原上那些花如在眼前，小夥伴的笑聲、流水聲、鳥叫聲都聽得清清楚楚。還有帶我長大的老和尚，想起他心裡有點暖暖的感覺。師父常說上師瑜伽是一切修練的靈魂，修大圓滿觀想上師，向上師祈請。要我向我的上師祈請，讚美他，觀想他，對我簡直是不可能的事。他是我最討厭的人，怎麼可能向他祈請？想都不願意想起他。所以什麼明心見性、直指人心，什麼大圓滿跟我一點關係也沒有。

有幾個月的時間，我和師兄都在計畫著逃跑。師父不知道是不是嚇唬我們，跟我們說這個被老虎吃了那個被棕熊吃了或被獅子吃了，我們住的山裡的確見過棕熊，獅子倒沒有見過。逃跑的事一拖再拖，直到有一天我們倆都下定了決心，第二天一早就逃走。

第二天早上，起來洗完臉，師父忽然宣布說：「今天放假一天。」從我懂事起就不知道什麼叫做放假，一天居然不上課不打坐不做功課，對我是從沒有過的事！雖然決定了要逃跑，遇到放假這麼難得的事兒，還是決定放完假再走。

那個時節滿山遍野長滿了野草莓，我就在山上遊蕩了一天，一邊玩一邊摘草莓吃，吃得大便都變成了紅色。高原上，視野非常開闊，能看到特別特別遠的地方。玩累了，就在大石頭上坐下，滿目群山和無限的天空，天色瞬息萬變，右邊的天空在下雨，左邊卻陽光燦爛，草場上的犛牛和野生的羚羊，從下雨的山坡向不下雨的山坡奔跑，一邊烏雲密布，一邊晴空萬里。突然，雨就停了，彩虹是常見的，兩道彩虹掛在天邊，陽光穿過雲層一束束照射下來，如同穿過西方大教堂的彩色玻璃，交錯出奇異的光彩。真的很美很美，像童話中的景象，我呆呆地看著，彷彿是看進去了，自己不由自主地唱起了歌。

在那樣的場景和環境裡，我好像是把自己催眠了，我進去了一個地方，陷進去了。我震驚地發現我在唱上師祈請頌（真慶扎偉喇嘛欽諾真慶扎偉喇嘛欽諾）！歌聲是從我心裡唱出來的，山裡有回聲，整個山野彷彿都是我的歌聲，不光是整個山，我的每一個毛孔都在唱著，我四周的大樹，風微微吹動的時候，樹枝搖晃著，都跟我一起唱著上師祈請頌，一片片樹葉、雲彩也在唱著。

在那一瞬間，我似乎變得無限大，我在這無限大中唱著歌，進入到無限自由、無限放鬆的世界，我心裡一直的煎熬在那一刻突然停止了，沒有煎熬，沒有情緒，沒有怨恨，一切一切的不開心和不舒服都停止了。在這無限的自由和無限的放鬆中，我唱著但不是在唱著一首歌，而是我生命的旋律在唱。那一刻，誇張地說，連大地都震動了，或者說，是我的心震動了，我的每個毛孔都震動了。在那個時候，我流了很多眼淚，雖然不知道為什麼。

我在這催眠般的感覺中待了很久，直到一顆石子打到我的頭上，把我打醒了。石子是我師父打的，他衝著我吼道：「天這麼晚了還不回去？！」我轉頭看著他的時候，他的臉完全變了，充滿了仁慈，充滿了優雅，原來在我看來很凶的臉完全變了。在那一瞬間，我看到了什麼叫做慈悲，什麼叫做愛。

我師父並不是很高大帥氣的人，但他真的有特別特殊的氣質，笑起來特別迷人。我忽然有一點點明白了愛的感覺，我似乎沒有任何要求地愛上了他。我長久地看著他，真的，對我來說，那一刻對他的嚮往，對他的敬愛和對他的興趣，超越了我生活中所有其他的興趣。我心裡充滿對他的愛，很想抓住師父的腿痛快地哭一頓，但我沒有這個勇氣。我跟在師父身後往回走，迎面吹來的風，把他的味道帶過來，那我曾經最不喜歡最討厭的氣味，在那一刻變成了一種讓我著迷的妙香。

回到山洞，師父點了一支酥油燈，燭光裡他的側面完全是神聖莊嚴的佛陀一般，正面又像一個嬰兒，特別溫柔，我覺得自己愛得不行，特別想哭，但又不知道我到底感動什麼，為什麼要哭？那一刻，我內心世界裡一直饑渴迷茫的地方被什麼照亮了，內心的饑渴彷彿填進了什麼東西，有了富足的感覺。

從此以後，我對佛教所講的東西，無論是禪修還是慈悲，無論是無上密法還是大圓滿，開始有了一點感覺，有了深深的感動和嚮往。

這是我的愛的旅程的開始，原來我也愛我的父親、我的奶奶、我的老和尚，但這些都是淺顯的愛，這愛裡有判斷，有分析，有很多要求，但此刻的愛裡面沒有判斷，沒有分析，更沒有任何要求。它就是你生命裡實實在在發生的一個東西。從那一刻起，我的生命裡多了一份勇氣。不管當時的狀況對我有著怎樣的挑戰，或者環境如此地糟糕，或者師父的教育方式如此嚴厲，但那一刻對我都不再是問題。我感覺我的生命需要這樣的遊戲，因為我是個膽小鬼，一個沒有勇氣的人，我所進行的學習、閉關都是我所需要的。要找到愛，必須要有勇氣，愛是一個勇敢者的遊戲，膽小鬼一輩子也沒有辦法和愛接近。那一刻不能說我成了勇士，但起碼我能夠開始接受這個遊戲，敢於接受挑戰了。

晚上，師兄又提出逃跑的事，說明天一早走。我說：「我不走，我改變主意了。」他問：「為什麼？」我說：「我愛上師父了。」他說：「叛徒！」但無論他叫我什麼，我都不在意了，我愛上了師父，享受此刻的一切，我第一次感到自己是如此幸運的人，因為遇到了師父，我隱隱約約觸摸到了內心深處萬年沒有覺醒的愛的感覺，我觸摸到愛的那一刻，我的心是充滿陽光的，是不缺少任何東西的狀態。因為感到如此幸運，我有了接受和嘗試一切的勇氣，不再有任何逃跑的理由。

二十一歲的時候，我離開寺院開始流浪。我到過很多地方，南方，北方，歐洲，美洲，見到各種各樣膚色的人，各種各樣文化的人，各種各樣說著不同語言的人。

初到北京的時候，草原變成了高樓，天空不再是原來的天空，喝的奶變得像水，而水帶著一股藥味，一句話也聽不懂，一個字也不認識，對我來說，這不僅是到了另一個地方，完全是到了另一個世界。那一瞬間有了不知所措的感覺。等你慢慢聽懂了這裡的語言，認識了這裡的人，跟這裡有了連結，你最大的感覺是，你一切都沒有準備好。

我搞不懂他們用的手機是怎麼回事兒，這個東西對我來說特別的新鮮，我充滿好奇，竭盡全力去買了一個，而等我買了手機，卻發覺我不知道要打給誰。我不認識一個有電話的人，我們的寺院裡連一臺電話機都沒有。第一個對我產生誘惑力的東西是電腦，我又想盡辦法，竭盡全力地去唬弄我師父，我知道對我學習和修練有好處的東西，他一定會給我支持。我就對他說，現在我們佛學院所有同學都會玩電腦，但是我沒有，我漢語又不好，對學習有很大影響，幾番唬弄後終於成功，師父給我寄了一萬兩千塊人民幣。這是很大的數目啊！

人陷入欲望的狀態是多麼可憐的狀態，這些誘惑把你帶走的時候，你一點覺醒的機會都沒有，完全進去了。不是一個誘惑結束就結束了，還有無數個誘惑和問題在等著你，要把你吸走。一開始的誘惑是手機、電腦，那將來的誘惑是什麼？跑車？女人？更多的財富？然後還有權力、名聲。有一次，一位居士請我們一群僧侶去吃飯，飯桌上十幾個僧侶，每個僧侶都掏出了自己的名片，只有我沒有。我拿過他們的名片看了看，上面都有各種頭銜，每個人都是活佛、堪布、住持等等。當時那位居士非常可憐地看著我，問需不需要幫我印名片。我忽然發現在這裡沒有一個身分、一個標籤是很難被人接受的。我當時也很疑惑，我是否需要一種身分、一張名片。而我周圍的人，那些關心我的人，每個人都來告訴我：你應該有個身分。於是我也印了名片，寫上某某活佛。小時候，因為我上師的存在，我被認證為活佛的這件事幾乎不被人記得，師父一直刻意地盡可能地讓我處於一個普通人的狀態，活佛的身分幾乎被淡化了，現在回想起來，我非常感激師父這樣對待我。

在寺院裡，遇到的困難不過是腿疼、背疼，或者是冷、餓、困，但離開藏族聚居區以後，這些不再是個問題，而要面對的問題比這些問題要嚴重成千上萬倍。在這個世界裡遭遇的挑戰，比我閉關、比我在寺院的挑戰都要大。所以我特別佩服和欣賞在這種環境裡的出家人，還有能在這種環境裡很自在地待著的人，對生活充滿著激情和快樂的人！而我，有時候連做一個旁觀者的勇氣都沒有，更不用說我去玩這個遊戲。

在這樣一個混亂的局面裡，當各種誘惑擺在你面前，你是一個特別弱小的生命，你沒有辦法控制任何一樣東西，你的生活不可避免地會伴隨著寂寞和焦慮。在我原來的環境裡，你甚至都不知道自己還有貪婪，還有嫉妒。你在山裡的時候，山谷不會欺壓你，不會折磨你，你和山的交流看起來很不錯。但在這樣的環境中就完全不一樣了，有人在你面前這樣表白，背後卻又那樣描述，這個時候你完全迷茫了，搞不懂是為什麼。不知道是他錯了還是我錯了，他瘋了還是我瘋了。我不知道敵人在哪裡，不知道這是個什麼樣的戰場。在這混亂中，你也變成了他們的一分子，你也不得不捲入其中，無可奈何。你過去所謂的仁慈、理性、淡定，那一刻消失得無影無蹤。在清淨的山谷裡清淨是天經地義的事情，在清淨的山谷裡你可以想像你是有慈悲的人，而在這樣複雜的環境裡，你要成為一個帶著慈悲、寧靜、覺醒，帶著清淨的心的人，是非常難的一件事。處處都是陷阱，處處都是挑戰，處處都是誘惑，都需要我去面對，這樣的經歷對我特別重要。

這段生活對我來說是不一樣的經歷，男女老少，各行各業的人給了我很深的感觸，有時候讓我感到疑惑，不明白為什麼人要這樣活著？無論有多少財富的人，還是像最貧窮的人一樣拚命掙錢；擁有名氣的人還在不顧一切地增加名氣，那些誘惑的力量實在太大了。

人在不同的環境中，困惑是不一樣的。對於從小在寺院長大的我來說，沒有想到原來生活是這個樣子。一切的一切都是我意料之外的東西，那我唯一的選擇是我以意料之外的眼睛來看待我意料之外的生存環境。這些原本跟你無關的東西、標籤、身分、誘惑，不要成為自己的困惑和陷阱。

在生命的戰場裡沒有任何可以退縮的地方，也沒有任何可以躲藏的地方，唯一的選擇是往前走。在生命旅程上，你需要的不是一個戰友，因為沒有一個戰友是可靠的，他們自己都自身難保、自顧不暇，你也不能期待任何人來挽救你。在這個戰場裡，這個旅途上，我們唯一能做的是你自己成為一個覺醒的勇者。

當年，我離開夏扎巴閉關中心的時候，我的上師對我說：「離開夏扎巴閉關中心的修練者有三種選擇，第一等人的選擇是：像一條流浪狗一樣生活，一生默默無聞，不知下一站去哪裡，也不知道死在哪裡，內心則充滿覺醒和智慧，有著獅子一樣的勇氣。第二等人的選擇是：做一位知識淵博的老師，教導學生。第三等人的選擇是：像國王一樣生活，身邊簇擁著無數的人，享有尊貴的生活和名氣。」我沒有力量和勇氣成為第一種人，但我希望自己至少不成為第三種人。

這本書不是寫給那些在佛學上有著很深造詣的人，那些已經覺醒的人，那些有智慧的人。而那些像我這樣在生活中迷茫的人，在生活的陷阱裡掙扎的人，在閱讀這本書的時候也許會得到一些分享和鼓勵。所以我把我有限的佛學知識，有限的人生經歷，提供給大家。

我們唯一不能改變的是我們無法停止自己的腳步，我們是來去匆匆的旅客，在時間的謊言裡，我們必須一直向前走，唯一陪伴我們的是覺醒的勇氣。所以佛教稱菩薩為「覺悟的勇者」。

祈願，所有這本書的讀者，讀到這本書後，不是增添了某種知識或者理論，而是成為有些放鬆、有些自在、有些清淨的人，成為生活中的勇士。生活不再成為障礙，不再成為煩惱，而成為一個歡樂的遊戲。我們在這個遊戲裡帶著勇氣扮演好自己的角色，走完自己的旅程，最終走到沒有遊戲和謊言的地方，佛教稱之為「彼岸」，在那裡一起歡樂，一起自在！

阿噶巴 仁波切

目錄

自序 003

壹、生命中的問題與真理 023

我們從哪裡來？ 024

什麼是真相？ 029

什麼是美？ 038

信念 043

痛苦 047

接受 056

我們有前世嗎？ 060

為什麼微笑？ 066

人生是一場夢 070

慈悲的力量 075

貳、人生即修行 079

祈禱 080
禪修 096
愛 115
瑜伽 143
金剛舞赤覺劍法 161

參、隨想錄 177

尋找幸福 178
愛的擁抱 190
清淨當下 197
超越邏輯 204
感悟生命 212

壹、生命中的問題與眞理

我們從哪裡來？

觀察人類的活動，可以發現人類的起源。結論是：我們無始無終，我們一直存在。

人們對生死本身很疑惑，對生死前後的情況也很疑惑。

如果相信有一個出生的時間，那麼從邏輯上說，必定有個還未「存在」的時間，以及必定要接受我們有個出生的時間，必定要接受有死亡的時間。有許多問題是關於「尚未存在時」的，比如「人們來到世上的原因是什麼」，「為什麼現在存在」，「為什麼過去不存在」。這些問題無法回答，因為我們一直都處於「存在」的狀態中。我們的存在並不是一個新的創造。

按佛教的觀點，存在無始無終，但這並不意味著存在是靜止的，存在其實在不停變化，我們存在於不同的形態和意識之中。在這些變化中，有個連續存在的自我，這個自我持久存在永無終止。

我們通常只相信自己的經驗，只相信親眼所見的事物，並透過這些資訊來形成自己的觀點。另外一些觀點則依賴於推理，但根本上仍來源於經驗。這樣，雖然我們心中同時存在著許多觀點，但都僅限於經驗。

例如，大豆和樹的種子分別具有大豆和樹的基因，我們即便沒有看到這些種子生長，卻也瞭解它們具有長成大豆和樹的潛質。人的生命卻是非常複雜而多樣的，父精母血孕育了我們，但是我們所具有的潛質遠遠無法從過去的經驗裡得到。依靠過去經驗的思考，具有很大的局限性。

不管一個人的智力水準有多高，也不可能透過經驗分析發現最初的自己。不過，這樣也許是幸運的，因為如果發現了最初的自己，其結果將導致更多的混亂。假設我們接受「出生」的現實，那就意味著我們有不存在的時候。如果有個「不存在」的存在，那存在是如何產生於不存在的？我們相信存在產生於不存在嗎？

為了討論的方便，我們假定有個「不存在」存在的時間，並且，「不存在」在某一刻必須轉換為存在，而不是由存在本身引起存在。這樣，「不存在」成為了存在，而存在本身就是存在，它們的關係如此矛盾。實際上，這個論點很難得到理解和支持。如果我們相信任何東西都有始有終的話，我們無法確定這些不存在的時間。再比如虛空，虛空本身沒有方向，沒有東南西北，虛空不可測量，不大不小。如果萬物都有始有終的話，那虛空必定有開始，如果虛空有開始，必定有虛空的開始之前，而這是難以成立的。因此，虛空的本性就是無始無終的存在。認識了虛空的始終，我們就會明白自己的始終。簡而言之，我們無法在時間的某一刻開始存在，因此只能是持續存在的。

我們必須問自己，為什麼尋找眾生和虛空的開始是如此重要？因為這種對始終的看法源於我們有限的大腦。世界上有兩種人：一種人用大腦來瞭解生命現象，另一種人用心來瞭解生命現象。對於用大腦思考的人，任何事物總是有邊界、有始有終的。而用心思考的人則認為事物的始終並不重要。

雖然當前的主流文化對大腦的感知很重視，仍有一些文化側重內心，透過內心觀察外部世界。

大腦是一個可以感知短暫經驗的有思想的器官。但大腦的思維能力是有限的，只能在過去經驗的基礎上分析和判定。由於大腦的能力有限，它認識的生活就有限。西藏有個說法，人的大腦無法掌握超過 1×10 的 75 次方（1 後面 75 個零）這麼大的數字。在這個大數之外，可以說是無數了。不是這個數字無法勝數，而是我們的腦子無法理解 1×10 的 75 次方以上的數字。因此，我們如何能夠理解生命現象？我們永遠有疑問，而伴隨這些疑問而來的是痛苦的經驗。

我們常說，一個人如果沒有原則，就像沒有脊柱，就會傾倒。如果能依照原則生活，我們可以理解生活的真理。認識到真理，痛苦會減少。

我們的心或意識沒有任何限制，它像虛空一樣，無始無終。我們無法衡量心，因為它沒有邊界。光說心非常廣大還不夠，因為這仍意味著心是有邊界的，而有始必然有終。但心如虛空，是無限的。

心是無限的，同時又是變化的。這種變化不需要強迫。順其自然，會讓我們感到快樂；強求改變，則使我們痛苦。

知道自己是什麼很重要。「我」和「自我」是誰？他是如何存在的，是真實的嗎？這些問題有許多答案，也是本書要回答的問題。

什麼是真相？

這是個重要的問題，許多人被這個問題給問住了。有關真相的問題存在於個人、家庭和國家當中。當人們把對生活真相的認知，建立在以大腦來認知的基礎上時，就會認為生活是相對穩定不變的；並且認為真相只有一個，這樣的認知會導致許多問題。

每個人都把真相建立在自己的見解、經驗和感覺基礎上，每個人相信的真相也就各不相同。例如，我可能認為某種食物很美味，而你則不以為然。我們往往認為只有一個真相，然而事實並非如此。

此外，真相也不以多數人的意見為準。可能只有百分之一的人認識到真相，另外百分之九十九的人卻不同意其觀點。如果我們只接受大多數人的看法，可能因此而導致對真相的誤解。我們往往附和大眾的觀點，是因為找不到足夠的理由去反對；所有發現真相的方法均已失去，只得隨大流。

如果有人告訴六百年前的古人，有關現代社會的技術進步和生活條件，古人肯定不相信。他們之中的絕大多數人——如果不是全部——無法想像可以隨時遠距離通話的手機，或是滿載著幾百名乘客在世界各地飛行的飛機。如果我們生在那個時代，同樣不會相信這樣的事實。古人由於認識的局限而無法相信現代技術的創新。同理，由於認識的局限，我們也會犯和古人同樣的錯誤。

真相不能依靠個人的經驗和感性來構建。真相不能僅依賴一部分人的理論，真相超越世界的界限。

我們還要區別兩種不同的邏輯理性——真正的邏輯理性和暫時的邏輯理性。真正的理性不會因為條件的變化而變化。基於真正理性的真相，放之四海皆為真相。有限的邏輯理性，僅基於某些人的個別經驗，隨時間和空間的變化而變化，因而是短暫的。

為了瞭解真相，我們必須依靠心的能力去分析，然而，我們個人的經驗有限，導致無法瞭解宇宙的終極真相，例如，出示一個杯子給西藏人看，問那個杯子是大還是小，西藏人有可能回答說杯子是大的，因為他習慣用小杯；而同樣的杯子出示給習慣用大杯子的美國人，他有可能回答這個杯子是小的。誰的回答正確？這兩人都有使用杯子的經驗，回答問題時都是根據自己的經驗和想法，並且都真誠地回答了問題，但由於答案僅是基於片面的經驗，就不能作為杯子的真相。那麼，我們如何判定這個杯子是大還是小呢？

如果我們只講表面和通俗意義上的真相，真相就只是大腦觀察外部世界的結果。如果想要瞭解世界的內在本質，就必須用心來發現。

在世俗層面，我們對事物的認識建立在感官基礎上。由於用感官來認識事物，則只能得到世俗的真相。比如每個人對美的定義就不盡相同，所謂「情人眼裡出西施」，就是說美的產生依賴於審美者。事物本身並沒有與生俱來的美，形容詞「美」只是大腦賦予的標籤。基於此，我們沒有必要爭論某事是否是真相。

僅依靠大腦來尋求真相的人，會給自己帶來很多困惑。因為依靠大腦的觀察只會得出狹隘的結論。這種人相信有唯一的真相，但他們所謂的真相不是終極真相，而只是有限的真相。

有限真相基於個人的感知，終極真相則基於眾生的共同感知。

以火為例，熱是火的性質，這是每個人都能接受的普遍真相，這種普遍真相基於人類的經驗。但是，是不是所有的生命都如此認為呢？這就不盡然了，這種經驗僅是人類的經驗，但也許有些眾生是生活在火中的，離開火不能生存。可見，認為火是熱和燃燒的僅是世俗真相。

世俗真相基於個人的經驗、習慣和知識，而不完全依賴於客體本身。不同的人對客體的經驗和認識不同，比如有人認為某人很美麗，並認為這種認識是真相；另一個則對此人印象不佳，他也認為這種認識是真相，但是，他們所認識的客體其實是相同的。

永遠不能忘記，個人的經驗不是終極真相。即使我們認為終極真相是集體的感知，我們也會遇到困難和增加痛苦。

可能有人認為，由於客體是真實的，因而客體本身會體現真相。火的例子說明事實並非如此，我們無法從客體中得到真相。更準確地說，是因為客體有功用，並對我們產生了影響。比如當我們接觸火時，會被燙到，因此我們產生了火是熱的、會燙人等等認識。由於火的功用作用於我們，我們就很容易認為對火的認識是真相，但是，這種認識不一定是終極真相。如果我們瞭解到對客體的認識不只源於外部，更多的是我們想法的反映，我們在生活中的困惑和障礙就會減少。

夢可以進一步證明這種觀點。如果我們在夢中性交，雖然事實上並沒有發生，但感知上卻是真實的，在夢裡經歷了與實際相同的性交經驗，甚至會有生理反應，如流出精液。然而，只是生理上的感覺不足以證明真相。夢中的人並不存在，雖然我們的感覺認為其存在。我們的感覺並不可靠。

我們必須認識到，我們無法基於自己的見聞和經驗得到事物的真相。儘管如此，大多數人還是基於感覺和感知來判斷。無知使我們無法瞭解事物的真相，無知導致了很多問題。

如果我們發現了真相，也無法畫一條線說：這邊是真相，那邊不是。每個人基於自己的感知而得到不同的真相。一個客體具有多種真相，因而無法強迫別人接受我們所認識的真相。

如果有人執著於自己所認識的真相，不管是否確實是真相，他的執著會顯現出來。比如我們都有看電影的經驗，我們的情感會被自己看到的場景所觸動。我們短暫地認為那是真實的，而執著於這種場景會帶來貪戀或嗔怒等情緒。看電影的人，雖然感知到的是幻象，卻會信以為真。而飾演角色的演員在看電影時，就不會有同樣的擔憂和執著，因為他們知道那些場景都是虛假的幻象。那些不受幻象影響的心，就不會堅持他們的見解是真相。我們因此可以認識到，一個客體可能會產生多種不同的感知、不同的感情和不同的真相。

當我們觀察家庭和國家時，往往相信自己認識的真相是真實而唯一的。每個人都認為，「我的感覺是真實的，我認識的真相是正確的」。人們不瞭解針對同一事物可能有不同的真相；許多人還會固執地認為其中的一種是錯誤的。基於這樣的認識，問題就會產生。

許多人將自己當成是唯一的例子或證人，以證明自己掌握了唯一的真相。他們得出結論：他們觀察、體驗得來的結果是唯一的真相。然而，其他人也有類似的經驗，不能說一個人的經驗會比另一個人更具合法性。然而在現實中，真相似乎常常掌握在更有說服力的人手中。如果在夫妻關係中出現問題，強勢的一方經常會獲勝。這樣的處理方式，已經成為認識真相的障礙。

如果將夫妻間的爭端提交法庭，法律的原則就是透過發現證據來判定哪方是正確的，法律不允許雙方都是正確的，必須判定其中一方正確。法律相信真相是唯一的，如果法律規定某物是白，每個人都必須接受它是白，這就是法律的原則。而且，由於法律是由人制定的，法官是人，他會根據自己的經驗和感知來判案。這些因素都造成了：法律並不一定站在真相那一邊。

依靠法律來判定事實的確很困難。法律的原則是沒有彈性的，但人對真相的認識是隨時間的變化而變化的。即使法律不斷地修訂，也無法趕上我們的想法的變化。真相的發現還會受到人的能力、金錢或名聲的干擾。例如，如果有一件產品有名人推薦，許多人會因此而購買它，認為該名人展示了該產品的真相。但名人不一定是好人或是誠實的人，該產品也未必像他所說的那樣。

瞭解了「真相不只有一個」的事實，我們就能夠接受他人的不同觀點，遇到的問題就會少得多。這樣，我們既能認識到自己的真相，也能思考他人認識的真相。

在當今社會，要樹立一種真相相當有挑戰性。在終極層面，真相是沒有限度的。沒有限度意味著任何事都是可能的，什麼事都有可能發生；同時，也意味著也許沒有事情有可能，也不會有事情發生。這個認識可以幫助我們將世俗真相和終極真相區分開。

什麼是美?

我們當然都是美的。比如,當我們想像一朵花,是我們的美被花反映出來,還是我們反映了花的美?很顯然,是我們的美被花反映出來了。

花對於每個人來說,不一定都是美的。美是我們創造的一個知見。我們認為一朵花是美的,於是給它貼上一個美的標籤。如果美是從花自身發出的,那我們只有擁有花才可能體驗到美。我們通常在心情愉悅或內心平靜時,才體會到花的美;當我們不高興時,看到花可能會引發潛在的悲傷或憤怒的情緒。因此,花的美不是來自於花本身,很大程度上是來自於我們的成見。

美是什麼？其實美不是花，美也不是人，美也不是房子，美就是你自己，你自己的內心。你用柔軟的眼睛看它的時候，它是柔軟；你用憤怒的眼睛看它的時候，它是憤怒。美就像鏡中的臉，你的臉上是骯髒、汙染的，那鏡中的它也是一樣。微笑的你，在鏡中看到的也是微笑。

再舉一個例子來說明，假定在你面前有兩張鈔票，其中一張是假鈔，但從材質和外表上分辨不出來，當我指出其中的一張是真鈔，你的心就對這張真鈔產生了知見，而對另一張另眼相看。這種分別的感覺，不是來自於這兩張鈔票，因為它們的外表是一樣的，而是來自於你的內心。美也是如此，它產生於觀察者的內心。

一般來講，觀察事物有兩種方法：注重內在品質和注重外表。認識人也是如此，也有外在的美和內心的美。當今社會注重外在的美，而忽視內心的美。這種觀察的方法會造成深刻的問題，因為觀察一朵花和觀察一個人有很大的區別。然而，我們經常把一個人當成一個物體來觀察。當我們看一個人的外表時，我們就評論說，「你很漂亮」，不久之後，就說「我愛你」。但是，人的美是內在的。如果無法看清人的內在美，只依靠外表來決定與誰約會的話，也許很快就會因為看法的改變而分手。

當人們將他人當成物體來觀察時，得到的結果往往就是這樣。事實上，我們真正喜歡的人一直都是美的。

一朵花的美和一個人的美有很大的差別。人的美與花不同，主要取決於內心。西藏有句諺語：「人的精采在於內，老虎的精采在於外。」要發現一個人的美，必須透過外表去觀察，探索其內在的美，不然就會產生問題。假定有兩個人，一位心腸很好，但外表不吸引人；另一位則外表很吸引人但心腸不好。哪一位有真正的美？我們首先注意到的是外在的美，但很快會從言談舉止中認識到他是否善良。如果我們與外表很美麗但是心腸不好的人相處數個月，遲早會發現他有嫉妒、嗔怒等負面情緒，這將使我們重新認識他，慢慢地，對他的認識改變了，甚至相處的時間越久，就會發現越多不良品質，原先的美完全消失了，最後，再也不想看到他了。

當我們和好心腸但外表沒有吸引力的人相處時，他的內在美會透過善行逐漸顯現出來，更仔細地觀察後，我們會發現他有一張美麗的臉龐，而且和藹可親，我們當然希望常見到他，與之更多交往，最後，發現他是真正美麗的人。培養內在的美非常重要，內在美使世界更美好，生活更有意義。

美不是從外部產生的，它是內心對外部世界的反映。不幸的是，人們極力裝飾外表和措辭，忽視了內在美的培養。當我們內心快樂時，會用同樣快樂的心態看待周圍的事物。同樣的，如果內心充滿嗔恨，就無法看到身邊美麗的世界。而看到美麗的事物，總是讓我們感到愉悅。所以，很多人花了很多時間讓自己看上去更吸引人，但永遠不要忘記，如果我們內心不美，不可能看到美。擁有美麗的心靈，才能感覺到平靜，感覺到快樂。

現在有許多種類的洗滌機器，如洗碗機、洗衣機、洗車機等等，但我們其實只需要一個萬用的洗滌器，即心靈清洗機。讓外在的世界保持乾淨和整潔沒有問題，但要內心世界做到如此就有困難。如果我們無法保持內心的純淨，其他人就無法認為我們是美麗的，我們也無法感知他人的美麗。如果我們無法培養內在的美麗，從平凡心中產生的感覺，將帶來不悅和痛苦。西藏諺語道：「水無法迅速滲透石頭。」人的善良和美麗也需要長時間的培養，不可能即刻形成。

當兩個人相愛時，電話聯繫不斷，時刻想念對方，寢食不安。人們認為這才是在戀愛。現代人的戀愛方式，不像動物，也不像以往的人類。現在的戀愛方式是，認識時間很短就結婚，不久就離婚。這是由於對「美來自於內心」的事實缺乏瞭解。美麗來自內心，沒有美麗的心靈，就沒有什麼是美好的。如果內心是美好的，一切都是美好的。

信念

信念是塵世快樂的根本。正確的信念如同鑰匙，開啟我們在塵世轉變、平靜、生存之門。有了它，才有可能維持人與人、國家、宗教之間的良好關係。沒有它，想要快樂就很難。

快樂能否保持，取決於我們的信念。有正確的信念，我們與他人的互動會圓融和愉快。當信念不存在、不正確，我們會孤獨、空虛、不快樂。

信念有不同的等級和種類，有基於虛幻的愛的信念，還有無理由的盲目信念，但這兩種信念都不是正見。無知的信念會阻止正確信念的形成，從而使我們不快樂，破壞內心的平靜。

基於虛幻的愛的信念，是欲望和執著的信念，對人沒有幫助。盲目的信念源於習慣，比如，我們所處的國家和家庭會有一些強烈的信念，我們因為與生俱來的接觸和適應而持有這些信念，但並沒有原因使我們相信它。

這兩種信念都是正確信念的敵人。如果不可避免地產生了這樣的信念，必須要覺察它們，不要把它們當成最後的信念。人們往往不知道什麼是正確的信念，而錯誤地持有這些信念。必須強調，正確的信念才是持久快樂的源泉。我們似乎也很容易分辨出這兩組人：一般老一輩持有強烈的盲目信念，年輕一輩則持有欲望和執著的信念。這兩種信念都是錯誤的。它們不能帶來持久真實的結果。

孤獨是缺乏真正的信念所帶來的問題。很多人有憂鬱症，憂鬱症的根源在於孤獨，認為世界上沒有人和他有關聯，沒有人可以信賴。經常聽人說他不能信任任何人，有這樣想法的人常常以為自己很友善、很沉穩，而問題在於他人。他們可以找出他人不可信賴的種種有力的證據，但如果他們不相信他人，實際上證明連自己都是不可信的，這會摧毀我們自己。

不要從別人身上找原因，原因在於自己。

如果我們無法產生正面的情緒，和別人相處時會出現問題就不奇怪了。為了改變周圍的環境，我們必須培養良好的情緒和正確的信念。

對於凡人而言，掌握正確的信念十分不容易。但我們可以掌握塵世的觀念，而透過掌握塵世的觀念，是幫助我們形成正確信念的唯一途徑。

正確的信念是我們轉變的關鍵，但轉變依靠外部條件以及外部條件之間的互動。必須有正念使之互動，不然，什麼事都做不成。

不管我們向正面還是負面變化，改變都將依賴外部因素，同時也依賴於心。如果我們不依賴外部因素只依靠自己，就如同砍掉四肢的身體，無法完成任何事情，就像西藏的諺語所說：「不管一個人有多勇敢，對自己的攀登能力多有信心，沒有手臂永遠無法攀登岩石。」同樣，如果我們對自己有信心，但拒絕他人的幫助，也無法成就事業。我們必須依賴與外界的互動。

我們經常希望被別人信任，而自己卻不願意信任別人，這是一個問題。如果認為自己才是唯一能被信任的人，而每個人都這麼想，那麼在家庭成員之間、朋友之間甚至國家之間就會產生矛盾，也是讓我們變得孤獨的原因。即使我們有家庭，也會覺得與之格格不入，在自己家裡也像一個陌生人。這種問題是由錯誤的信念所造成的。

理解和培養正確的信念，是解決問題的方法。正念是覺知一切事物的根源。正念的保持，將為生活帶來幸福。

痛苦

痛苦和快樂相互依存。快樂包含痛苦的種子，痛苦包含快樂的種子。我們觀察痛苦和快樂的感覺，認識到它們可以互相轉換的實質。從痛苦中會產生快樂，從快樂中也會產生痛苦。一個人體驗快樂時，也將很快體驗到痛苦，只是一個時間問題。

眾生因無明而痛苦，我們經歷的情感都源於「自己最重要」的強烈我執，我執只在自己的角度上觀察所有的存在。結果是，只考慮到自己的觀點而非別人的觀點，從而導致執著於自己的觀念，而不反映自然狀態。這種成見表明強烈的自我意識，這種意識將我們與他人分開。

強烈的我執，使我們感受到快樂和痛苦的情緒。我執是負面的情緒，我執本身就是痛苦。基於我執的快樂，隨著時間的消逝會很快變成痛苦。我執是快樂變成痛苦的原因。

為什麼我執會造成痛苦？強烈的我執是一種不平衡的情緒，阻止和破壞我們體驗內心的平衡，而內心保持平衡才是真正的快樂。如果由於強烈的自我而產生快樂，那麼快樂產生的同時就已經產生了下一刻的痛苦。西藏有句諺語：「當快樂時要控制自己，痛苦時也必須克制。」這個建議會幫助人們檢查他們不平衡的情緒。

情緒可以歸納為三類：快樂的、不快樂的和中性的。這三種情緒都有痛苦。我們已經看到快樂包含痛苦，我們不需要考察痛苦中包含痛苦，讓我們來分析中性的情緒如何包含痛苦。

我們定義中性的情緒是痛苦還沒有顯現、還未被認出或被體驗的情緒。普通人也許認為中性的情緒沒有痛苦，實際上痛苦的顯現只是時間問題。

比如，你坐在椅子上，一開始很舒服，時間長了，就感到痛苦，心想最好站起來散步。散步使你快樂，但過了一段時間，你從散步的片刻快樂中，感到了固有的痛苦。有人認為放鬆帶來快樂，有人認為積極的態度帶來快樂，事實上這些活動都包含了痛苦。如果我們真的相信工作、吃飯、睡眠能帶來快樂，那我們為什麼不每天一直做這些事？原因之一是，我們知道這些活動中至少有一項不能給我們帶來快樂；當然，這也給我們帶來一個幻覺，就是不斷地尋求改變，因為我們認為從一項活動跳到另一項活動會帶來快樂。

我們總是試圖透過改變行為、工作、朋友和外貌來創造快樂。我們尋求快樂的感覺，但持久的快樂無法從這些外部的改變來獲得。

我們認為沒有痛苦就是快樂，這是因為我們沒有能力感覺痛苦。進一步地觀察，能使我們更好地發現快樂和痛苦的週期。認為「沒有痛苦就是快樂」造成了工業國家的毒品問題，人們用吸食毒品帶來的快感對抗痛苦，結果由於毒癮而造成的痛苦不知道比原來的痛苦增加多少倍。

當感覺到強烈的痛苦時，快樂的感覺就消失了。同樣，當快樂產生時，痛苦的感覺就消失了。痛苦不可能被消滅，但可以透過產生另一個強烈的感覺使痛苦減輕，這種強烈的感覺不一定是快樂，一個痛苦的感覺可以被另一個更痛苦的感覺取代。這並沒有使痛苦消失，痛苦仍然存在。

假設你很累，感覺不愉快。如何能幫助你擺脫這種痛苦？可以給你講一個很有趣的故事，創造出良好的感覺來忘記疲勞。也可以使你產生更大的痛苦，比如，講一個傷心的故事使你落淚，讓你忘記疲勞這個比較輕微的痛苦。

快樂和痛苦都是我們思想的產物。我們培養快樂的想法，就會感受到快樂。我們認為萬事皆痛苦，就會經歷痛苦。因此，當我們快樂和痛苦時都必須當心，因為是我們自己的決定使然。

人的本性是經歷痛苦時就想解脫痛苦，而這種想法額外地增加了痛苦。快樂也是如此，我們希望保持住快樂，但這種想法卻導致了痛苦。一方面想擺脫痛苦，另一方面又想保持快樂，這些欲望都導致痛苦，其他強烈的欲望也同樣如此。

假設我們真的要幫助人，這種信念有可能變成一種強烈的欲望，當我們非常執著於此，就會導致痛苦。在世俗的想法中，幫助人好像就是好事，而不幫助人就不好。但是，想幫助人的欲望卻往往基於我執。

人們經常認為，有錢人會少一些痛苦、少一些問題，但這不是事實。有錢人會害怕失去財產而產生痛苦。相反，乞丐不因為擔心失去而痛苦，但想從別人那裡得到東西的欲望，也會使乞丐感到痛苦。不管我們是誰，都屬於這兩類人。我們有時害怕失去，或是希望得到。即使離苦得樂的願望也會使我們痛苦，每件事包含了痛苦。

人人都追求快樂，但不確定是痛苦的感覺使我們快樂，還是快樂本身使我們快樂。舉個例子，茂密的森林著火了，如果火勢小，風可以吹滅它；如果火勢很大，風可能會助長火勢。快樂和痛苦的轉換也是同樣的道理，它取決於心，如森林中的風。

有句諺語：「壞事可能變成好事。」如果快樂是目標，可以以痛苦為道去達到快樂，當然快樂本身也是一個途徑。

離苦得樂是眾生的共同目標，這也表明眾生都在遭受痛苦。人們採取許多預防措施來避免痛苦，但痛苦是不可避免的。那些認為人生寶貴、體驗快樂十分重要的人，是真正能享受快樂的人。我們只有經歷痛苦才能感受到快樂，痛苦的經驗催生了快樂的感覺。

因果報應的原則說：好的因得到好的果，壞的因得到壞的果。但我們根據自己的人生經驗，有時會對因果報應論產生懷疑，這說明我們對痛苦和快樂還是不瞭解。不是說不要追求快樂，但這裡所說的快樂是真正的快樂。

同樣的道理也適用於助人的行為，不是不要幫助人，但有時幫助人也可能是造成痛苦的原因。幫助的一方已經盡力，但是否真的做了好事？

不管做什麼事，最重要的是動機。幫助他人是好是壞不重要，重要的是幫助他人的意圖。當幫助他人的心生起時，我們不能肯定是否出於慈悲心，必須要覺知我們的行為大多是被欲望和與欲望相關的想法所支配，很少真的擔心別人，往往是由於無法忍受自己的憂慮而導致我們幫助別人。另一方面，慈悲是快樂的結果，不是出於擔心，由於擔心而幫助人不能生起慈悲心。

出自慈悲心的行為，永遠不會帶來不愉快的感覺。不管接受者的反應如何，都不會受影響。如果是出自慈悲心而幫助人，即使他人有負面反應，也不會使自己痛苦，反而能夠產生更大的慈悲心。幫助人的行為如同雪花落在海洋中，一開始雪花和海洋有區別，隨後就融入海洋，和海洋同質；同樣，助人和被助人的生命將永遠合一，不再有分別。慈悲心的增長使我們產生快樂與平靜，所以對別人的負面反應就不在意了。

痛苦的時候，解決痛苦並不是唯一方式。當我們真正生起慈悲心，就會化解痛苦。要生起真正的慈悲心是很困難的，所以我們有許多不愉快的感覺和經歷。如果我們得到的不是真正的快樂，那會導致更多痛苦。即使在強烈的快樂中，也常常伴隨著害怕失去這種快樂的痛苦。這些擔心都是痛苦的原因，這種懼怕表示我們還沒有瞭解真正的快樂。

我們的快樂是很奇怪的，它經常導致痛苦。我們試圖在生活中僅僅體驗快樂，希望以快樂取代痛苦。當我們經驗快樂時，會馬上想，「這就是快樂，我們很快樂，我們已經得到了快樂！」可是直到現在，人類還沒有辦法運用適當的方法保持快樂。

現在來討論追求快樂時所體驗到的三種痛苦。第一，我們很難感到快樂，結果是痛苦。第二，我們感到快樂但害怕失去它，結果也是痛苦。第三，我們不知道尋找快樂的方法，結果還是痛苦。

另外，三種痛苦的經驗如下：第一種情況，當我們還沒感到痛苦時，就努力想避免，最終導致痛苦。第二種情況，我們體驗痛苦本身。第三種情況，當我們從痛苦中解脫出來，卻擔心未來的痛苦，結果產生新的痛苦。

快樂和痛苦的真正區別是什麼？這兩種感覺都會引發痛苦。我們無法正確地瞭解快樂，並缺乏達到快樂和保持快樂的正確方法。痛苦也是如此，我們不明白痛苦是什麼，我們所描述的痛苦是快樂和痛苦摻和在一起的雞尾酒。

西藏有這樣的說法：「如果無牙就不用擔心缺齒。」同樣，如果不經歷快樂，就沒有痛苦。每當我們享受快樂時，痛苦一起免費贈送。只有真正的快樂才不會有痛苦的伴隨。

在古代，勇士看到自己身上的傷口和血跡，會鼓起勇氣戰鬥。在現代，人們看到自己的血馬上會暈倒。這說明每件事情都取決於如何觀察和解讀。如果能正確地理解發生的事情，找出好辦法，就可以將痛苦轉化為快樂，而快樂也仍然能保持。

接受

接受是對治痛苦的最好方法。接受是一種心靈的品質，每個人都有這種能力，都有接受他人的潛質。

我們通常認為，接受外來事物會使自己受到傷害。於是，我們越來越不願意接受外來事物。但是，如果不接受生活中的事物，我們就無法接受生活。拒絕生活中的事件，是我執的表現，強烈的「自我」將使我們經歷許多的負面情緒。

例如，假設你的健康出現嚴重的問題，你會問「為什麼這會發生在我的身上」。這說明你無法接受生病的現實，而你越擔心，身體就會越糟。如果你選擇只是體驗生病的感覺，疾病就不會給你帶來額外的痛苦。你的感覺將更加平衡和平靜，甚至能夠幫助你痊癒。

如果我們接受任何發生的事情，最糟糕的問題也會成為生活的一部分，不再占據自己的心。接受是駕馭問題的唯一方法。接受現實，我們就像煉金士一般掌握了點鐵成金的祕密，遇到問題時就可以將其轉變為對生活的理解。

不接受生活的態度會使我們感到渺小和無助，「自我」就開始捉弄，悲傷和不滿使我們抵觸環境，導致痛苦。不接受的初衷是要得到快樂，而結果卻是相反的。遇到問題時，正確的態度是將它視為正常。只要認識到別人也經歷過和自己一樣的問題，我們就不會孤單。

我們會一直遇到困難，這就是生活。通常，我們遇到困難時是不肯接受的。這會帶來更大的問題，實際上增加了痛苦。為什麼不接受和處理它們？接受將幫助我們達成尋找真正快樂和寧靜的目標。

不接受現實將導致三種痛苦：第一，即使我們不接受現實，痛苦依然存在。第二，陷入拒絕中，痛苦依然存在。第三，即使克服了這種拒絕，原先的痛苦依然存在。這是痛苦開始、中間和結束的三個階段。

這裡講述一個小故事。我有一個弟子，她是虔誠的人，但是有一次她特別擔心慌張，滿臉焦躁地跑來問我，觀世音是否存在。我說發生了什麼事，她說，兒子不聽話，丈夫不聽話，現在的家糟糕透了。師父你有什麼辦法，現在我念哪個佛更好，或者你有沒有更可靠的經文。我跟她說，我明天將傳給你一個「咒語」，但你要給我一筆錢，因為這個「咒語」我從來不外傳。它是最祕密的。第二天她拿了錢來，讓我教她。她虔誠地等待著，而我傳授的第一個「咒語」是接納，第二個「咒語」是接納，第三個「咒語」也是接納。為了增加這個「咒語」在她心裡的價值，必須讓她付出高額的費用來學這個東西。當時她愣在那裡，當下有一種恍然大悟。也許她十幾年或者二十年的念佛從來沒有體驗過這一刻。因為原先念佛和祈禱，都是想改變她的孩子和丈夫，想讓他們服從她的欲望模式來活，是用自己內在的執著去強求和壓迫別人的思想。突然間這一切融化了，一瞬間她能夠接受一切，包括她的丈夫和小孩。這個心生起的那一刻，她感受到快樂和平靜。心融化了，如同一滴水落入大海。

我們有前世嗎？

一般而言，有無前世是無關緊要的。但如果接受了前世的觀念，我們觀察生命的視角就會拓寬，這個拓寬的視野將使生活的感受更加平靜和舒適。一旦我們接受了前世存在的觀念，就會更加珍視現世的人際關係，尊重他人的價值。沒有前世的觀念，我們對待他人就會像對待物體一樣。

我們能夠認同前世意味著什麼？我們的生命不再是局限得像土堆般的物體，它會寬闊很多。這個寬闊意味著什麼？人狹小的心靈有更多的空間和角度，去閱讀自己的人生。簡單來說，禪修並不是要你相信前世，但也許你相信前世之後，生命裡面多了解讀人生的一個機會。之後你會明白，也許你的存在本身，完全是想像之外。你的生命不是這麼簡單，它其實充滿無窮精采，是源源不斷的精采。

詢問那些不相信前世的人為何不相信，總是沒法得到一個好的理由。強烈的懷疑使他們無法接受前世的觀念。這些懷疑是什麼？通常是因為他們無法回憶起自己的前世。對前世的失憶，是他們不相信前世存在的唯一原因。

的確，我們很難回憶起前世。因為我們的意識在不同層次上有不同的功能和知覺，最細微的意識從上一世傳遞到下一世，依賴於肉身的粗重意識則不能傳遞到下一世。我們的心不斷地在細微和粗重意識中轉換：粗重的意識掌握大部分的思想，但持續的時間很短，所以，我們的決定容易改變；細微的意識是我們的覺性，我們的真實所在。這種覺性即我們的真我，從一世到另一世保持不變。

觀察夢的本質，可以證明粗重的意識使我們無法回憶起前世。在夢境中，我們的意識比醒的時候細微，當我們醒來後，粗重的意識取代了細微的意識，細微意識進入了待命狀態，這種轉變使我們記不得所做的夢。

我們都有過愉悅的夢境，當沉浸於美夢中，會覺得夢境是真實的。醒來的時候，粗重的意識取代了它，我們的腦子馬上被生活中的其他思想占據而無法描述夢的詳情，可能有對夢的大概印象，但是細節已經被抹掉了。做夢和醒來的是同一個人，本來可能記起的夢，為什麼記不起來了？

粗重的意識有限，只能保留今世的經驗，我們不能依賴於今世粗重的意識，因為它們只關聯短暫的因素。因而，明白細微意識發生作用的過程是很重要的。例如，看到某人的臉龐，這與粗重意識有關，如果你閉上眼睛，回憶那人的臉，恐怕無法清楚地記得，如同你透過有漣漪的水面看自己倒映在水中的面容一樣，影像模糊不清，但奇怪的是，半年之後，你可能在夢中見到他，他的臉栩栩如生。這怎麼可能？這是因為這個人的臉在你的細微意識中留下了強烈的印記。當你做夢時，粗重意識退去，細微意識控制了心，這個人的臉就清楚地重現在心裡。因此，我們都有清楚回憶的潛質，這取決於意識活動的深度。

回憶前世的原理也是如此，我們都有回憶起前世的潛質。但如果從外部尋找答案，我們不會成功。要瞭解前世，必須開始內心的旅程，審察內心的功用，意識會變得越來越微細，最後，就能回憶起前世的細節。

我們在今世見過許多人，經歷過許多事，可有誰記得所有的事？能做到這樣的人很少。即使是讓我們回憶一場剛聽過一個小時的講座，大約也只能回憶起十到十五分鐘的內容，我們的記憶就是如此的局限，就連要記住剛發生的事情都有困難。

我們當前的念頭非常強烈，彼此重疊，對前世的記憶也是如此。但如果認真地回憶過去，將能夠一點一點地記起往事。請做這個試驗：請回憶今天起床後做的所有事情。你能記住多少？當你的心能真正記住這一天，粗重的意識會讓位給細微的意識，你就能記得所有的事。

從前有隻住在井底的青蛙，有一天，洪水將一隻海龜帶到了井裡。

青蛙問海龜：「你從哪裡來？」

海龜說：「從浩瀚的大海來。」

「浩瀚的大海有多大？」青蛙問：「有我的井的一半大嗎？還是一樣大？或是稍大一點？」

海龜試圖解釋大海的浩瀚，但非常困難。海龜如何能找到例子，比喻大海的廣闊？井底之蛙由於見聞所限也無法理解大海的浩瀚。我們也跟青蛙一樣，理解力有限，以我們所見為真理，不相信前世的人更是如此。我們的記憶很有限，幾乎沒有人能記住他們出生時的情形，但卻相信別人對此的描述。同理，對於前世的問題，不能因為記不起前世而否認前世，就如同我們記不得出生時的情形，就否認我們出生過一樣。

細微的意識將記住所有的細節，當有個印記進入細微的意識，它就不會磨滅。只要我們有能力進入細微的意識，就可以回憶起前世。那麼如何進入細微的意識？首先進入細微的意識必須要透過強烈的輸入，比如強烈的情感，正面或是負面均可，正如西藏的諺語道：「如果你對別人一百個好，他們會忘記，如果你對別人做一件壞事，他們一定會記住。」負面情緒會產生更強烈、更深刻的印象，因此我們往往記住痛苦的經歷而無法記住快樂的經歷。另外，進入細微的意識要透過禪修的方式來練習專注，回歸深層。

有了前世存在的觀念（因此，也有來世），會使今世的生活平靜和愉快，因為這種觀念開闊了我們的視界。另一個相信前世的理由是，我們會認識到行善對人生的改變。因此，不需要對前世有疑問，更重要的是，要知道前世的觀念給我們帶來的利益。

為什麼微笑？

當我們看到他人微笑時，會產生一種有魅力、友善和容易相處的印象。我們喜愛微笑，微笑會使內心產生愉悅的感覺，微笑不只是掛在臉上。

一般情況下，我們對某人微笑，他也會以微笑回報，不只是因為我們的笑容，而是他知道微笑來自於內心的快樂，我們的快樂使他人也感到快樂。因此，微笑得到微笑的回報，我們對他人微笑，對方也以微笑回報，使我們感到快樂。這種感覺源於萬物的相互依靠，也就是所謂的緣。

微笑非常好，不僅有益於他人，同時也平衡我們的心靈。真誠的微笑源於真誠的心。微笑通常被視為與人交往的良好方式，但是，在某些情況下，人們的微笑並沒有反映真實的感情，這時的微笑就是虛假的。比方服務人員的微笑，他們是希望顧客感到愉悅和舒適。許多人認為微笑表明了他們的快樂。但是，即便很憤怒，他們仍然會微笑，這種微笑是裝出來的，而非發自內心。當這種裝出來的微笑持續一段時間後，他們必須去休息，以便繼續假裝。

幫助別人很重要，但更重要的是先自助。當我們臉上露出發自內心的微笑時，我們就向別人傳遞了友善和平靜，這是我們能給他人的最好的幫助。當我們感到不快時，再想幫助他人，就會出現內心的衝突。這是由於自己內心不穩定，只是為了幫助別人而幫助別人的表現。這也有可能成為一種習慣，正如西藏的諺語所說：「當你想掩蓋自私時，你口裡就會說是為他人。」

發自內心的微笑，對他人和自己都有治療效果。但是如果強迫自己笑，就會傷害自己和他人。如果內心不平靜，要產生一個發自內心的微笑都很困難。

當我們真心要幫助其他眾生時，必須首先使自己的內心處於平靜的狀態，這種心態將產生內在的美。源於內在美的微笑，會給他人帶來快樂和利益。這時他人回報的微笑，就不只是表面的反應，他們會感覺到我們所傳遞的美好感覺，他們以微笑回報我們平靜的心。

發自內心的真誠微笑是有益的，這種微笑使自己內心平衡，並使周圍的人處於良好的狀態。

笑是蒼天給予人類的最好的禮物。世界上有無數很聰明的動物，甚至是接近於人類的，但是似乎沒有會笑的動物。笑是最美的東西，笑是放鬆和自在，也是美德。人與人之間相處的時候，第一重要的不是言語，而是笑容。但是現在的人，往往只會虛偽地笑，我們忘記了笑容的快樂本質。為什麼笑那麼重要？因為你笑的時候是忘我的狀態。忘我的狀態讓你變得放鬆和平靜。

現代社會的迅速發展，給人們帶來巨大的壓力，人們因此缺少微笑。大都市裡的人，最缺少微笑。他們並不是不愛笑，而是環境不允許他們笑，好像不笑才是一種正常的反應。其實這樣的方式阻礙了天性。人天生喜歡笑。這個時代是渴望笑容的，笑能調節自我情緒，調節內心悲傷和造作。笑容是調節內心的免費良藥。都市女性，天天去裝飾自己的臉，洗自己的臉，濃重地化妝。但是如果能夠懂得微笑，就如同能夠清理和洗禮自己的內心，微笑的那一瞬間你就是最美的。

西藏的醫學認為，笑的時候，胸中的鬱悶之氣瞬間就消融了。憂鬱的人，焦慮的人，緊張的人，他胸口的氣是堵著的。但是一旦笑出來，這堵著的氣就沒有了。你的微笑是生命內在的正能量。人給予世界的最好禮物也是微笑。你的微笑是愛，在他人內心種下一顆放鬆而純真的種子，其實你就是做了一個善的功德。

人生是一場夢

我們通常認為人生漫長，事實上，人生相當短暫，如一場夢。認為人生漫長的想法源於我們對時間的錯覺。

就時間而言，人生也不長。假設我們的壽命是一百年，其中大約有三十年用於睡眠，二十年在學校念書，這就只剩了五十年的時間。我們讀完書後，四十年用於工作，那壽命已經去掉了九十年。我們讀書和工作的目標，當然不是為了變老和受苦，而是希望生命的其他日子能夠愉快和悠閒地度過。但是，當我們不再工作時，就已經進入了老年期。老年期通常更加痛苦，因為剩下的八年時間，只是在等死，而最後的兩年，更是在病痛以及對即將到來的死亡的恐懼中度過。

回顧一百年的人生，其目的真的只是為了三十年睡覺，二十年學習，四十年工作，然後剩下的十年都在虛弱和病痛中度過嗎？人生的目標是什麼？我們為誰以及為什麼在努力工作？這些事並沒有使我們接近自己的生活目標，也沒有使我們生活得更有意義。在生命的最後日子裡，有可能滿足我們過上幸福生活的目標嗎？

生活和我們的夢一樣，沒有什麼意義和結果。當我們從夢中醒來，會發現夢已經逝去，虛幻不實。同樣，當我們走到生命的終點，會認識到我們並沒有過上自己希望的生活。所以，讓生活更具有意義和創造力，是十分重要的。

我們為誰以及為什麼努力工作？我們生活的目標是為了一輩子侍候某人嗎？當我們探索人生目標時，往往會感到十分困惑。每個人都想尋找快樂，但是在人生中總是會遭遇痛苦。學習時會受苦，工作中也會受苦，只有睡眠可能是中性的無苦狀況。那快樂的狀態何處去尋找呢？

大多數人無法實現生活的目標和願望。我們被日常瑣事纏身，總是想未來的某一天能完成目標，總是想在生命的終點，想什麼時候能有閒暇去做自己願意做的事情。但是，每個人都不可避免地會死。生命是不確定的，沒有人能控制死亡的時間。因此，不能等待幸福的到來，最重要的是享受生命的每一刻，在每一天中實現自己的願望。

生活像一團羊毛線一樣不斷鬆解開來。地球上幾十億人，沒有人可以逃脫死亡，我們做的每一件事都使我們趨向死亡。生命就像水管中的水，只朝一個方向流動。每個人都不希望變老、死亡，但是，我們面對衰老和死亡，別無選擇，無能為力。

今天的生活必須今天就覺知，明天的生活明天再說。不要每天受苦，然後希望未來變好。

我們視人生如夢，其實人生是比夢更強大的幻象。一旦我們失去對人生真正意義的瞭解，就會被這種幻象攝受，認為人生的目的就是學習、工作、睡覺、變老，最後死亡。

這樣一來，人生就成為幻象，成為各種幻象的一種。

一個人無論多麼聰明和博學，很少能在死之前完成自己的目標。因此，我們必須從一開始就享受生命的每一刻，這樣才有意義。

我們經常談論過去和未來，好像它們和現在無關。必須知道，現在是最重要的，因為現在包括了過去和未來。現在是未來的因，現在是過去的果。我們必須活在當下，並且活得快樂，因為生命有可能在下一刻終結。

未來要實現的事情，要從當下開始，沒有當下就沒有未來，還有可能明天我們已經不在。如果今天活得沒有意義，未來也就沒有意義，必須記住一切都是因緣相依的。生命位於當下，沒有比當下一刻更重要的時間。明白了這一點，將使我們更深刻地瞭解過去和未來。

許多人不瞭解當下的意義，將希望寄託於未來，而未來是不確定、不可靠的。如果我們能夠生活在有意義的當下一刻，生命將非常有意義，過去和未來也將非常有意義。

未來將成為現在，而現在將成為過去，這就是生命的流動。

在你生命最後的那一刻，不管曾經發生過多麼輝煌的事，有過多麼精采的經歷，那一刻都會無法保留。也許你曾是千萬富翁、百億富翁，修建過世界上最高的高樓，擁有過一百個女朋友……但臨終的時候，這一切對你來說如同水中的影，你抓不住任何東西。這意味著什麼？在當下快樂地活著是很重要的。

不要和生活較勁。不管是對你的愛人較勁，對你的孩子較勁，對政治或者整個環境、整個社會較勁，對你來說，最後生命的那一刻，終止的那一刻，一切都如同水中的影。你沒有辦法抓住任何東西。

享受此刻很重要。真實的不變和真實的存在只有當下，其他一無所有。

永遠不要忘記，人生就是當下一刻。

慈悲的力量

慈悲是一種幫助其他眾生的情感。當一個人生起慈悲心，則會為自己帶來巨大的利益。在所有人類的情感中，慈悲是唯一不傷害他人，同時又能利益自己的情感。

我們能從慈悲心中得到什麼呢？培養慈悲心能減少強烈的我執。我執是造成生活問題的主要原因。從我執產生的情感，很難確定是能幫助他人還是傷害他人。慈悲心可以對治和減少我執。在無我執狀態下做出的決定和計畫，能夠帶來幸福。培養慈悲心，是消除我執的最佳途徑。

對他人生起慈悲心的人，得到的利益比慈悲心施予的更多。但是以期望回報的態度發慈悲心，就誤解了慈悲心的含義。要牢記，當我們發起慈悲心時，一種幸福的感覺同時生起，此外別無他意。我們的行動，不管是幫助別人或是饋贈禮物，都能達到幸福的目的。

生起慈悲心能同時體驗並獲得幸福，還能培養其他的良好品質，是獲得幸福人生的基礎，沒有任何其他方法比慈悲心更殊勝。

慈悲是生活中最有力、最珍貴的情感，生起慈悲心的一剎那，可以摧滅多年的苦痛。即使剎那的慈悲心，都將給人帶來大樂，並有助於度過不愉快的過去和苦痛。沒有任何方法能像生起慈悲心一樣，使我們迅速地從負面情緒中獲得解脫。

生活中的問題都源於強烈的我執和攀比，這種態度使我們產生其他的負面情緒，比如嫉妒、嗔怒、傲慢等，它們都帶來無盡的痛苦，只有慈悲能防止我們受苦。

每個人都有過與別人相處的問題，這類問題是如何發生的？如果人與人之間的關係不是基於慈悲，而只是某種心理或身體的行為，便是基於我執的關係，只要問題還沒發生，兩人會相處得很好，比如互贈禮物和互相幫助，一方可能非常接近另一方，以便享用其關係。但只要這種關係是基於我執，發生問題只是遲早的事情。在這樣的關係中，我們還可能認為自己有慈悲心，只是不知道如何運用。

在我執的基礎上建立起來的關係還會遇到什麼問題？通常我們會和自己認為善良、順眼和體面的人建立關係。但是當他們和自己的期望不一致時，我們就會驚訝、失望，甚至嗔恨。由於每個人都有某種程度的我執，於是非常難找到你所期望的人，這就是為什麼建立在我執基礎上的幸福總是飛馳而逝。

真正的憐憫生起的時候，傲慢的心沒有了。傲慢的心沒有了，就不會有憤怒的情緒。不會有憤怒的情緒那一刻，你就不會有被傷害和被拋棄的可能，因此，這種潛在的痛苦就沒了。憐憫生起的那一刻，你接受了一切。接受了一切，條條框框就完全沒有了。在平時，判斷、傲慢、焦慮的繩子把我們綁得很緊，但是慈悲生起的那一刻，你不在自己的標籤裡，不在自己的概念裡，能夠純然地以生命與他人的生命一起互動。

貳、人生即修行

祈禱

你透過祈禱，
融合在愛的海洋裡，
融合在智慧的虛空裡，
如同冰塊融化之後變成了大海的力量，
你變成了力量。
祈禱的目的是回歸到自己的內心。

1

每一個文化、習俗都有不同的祈禱方式，每一個宗教也有不同的祈禱方式。這些祈禱，有的人要有個對象，我們叫做偶像，佛教式的佛像，用一些像來引領這個祈禱本身。有的人不需要像，但是必須要有聲音。還有人祈禱的時候，既不需要對象，也不需要聲音，但是要有儀式。總而言之，祈禱必須要有個對象，才能引領人內在的心靈。

從人類文明開始，儀式性的祈禱就一直存在。這些儀式性的祈禱幫助了千千萬萬眾生，當他們內心感覺脆弱、擔憂、饑渴的時候，用祈禱的方式來增加力量，化解擔憂，滿足內心的饑渴。但深層的祈禱則不是這麼簡單，尤其是佛教當中你與生命深處的本尊的連結方式，或者是其他宗教當中你與神的連結方式，這些都是更神祕、更奧妙的。

怎樣跟生命深處的本尊連結？怎樣和世界最神祕的上帝連在一起？祈禱的神祕，對你自身來講，是要去瞭解和探索的最神祕的一個東西。有時候你心外的那個天堂，是祈禱的對象；有時候你心外的那個佛，是祈禱的對象；有時候則是你心外的上帝或者是神。不管如何稱謂它，對它的探索是一種神祕的方式，除了相信，沒有任何方式能夠證明這些對象的存在。

祈禱是粉碎自我的一種過程，也是認清自我缺失的最好方法。有了真誠的祈禱，可以瞬間摧毀那個戴著有色眼鏡的自我。你祈禱的時候，站在一個偉大的純真無瑕的菩薩面前，知道自己是如此渺小，如此不足，那個時候你面前的他，代表著力量無窮、慈悲無窮、智慧無窮。粉碎我們強大自我的過程，是有祈禱的力量在這裡。

有的修練者一輩子沒有修過任何別的東西，只是祈禱。比如一位瑜伽大師，偉大的修練者，一生中祈禱的時間有五十二年，之後他完全覺悟。那一刻他說，現在我見了佛也沒有任何疑問。他祈禱了五十二年，這意味著什麼？他曾經特別迷茫，一直想抵達一個說不清楚的最神祕的地方，最終因為祈禱，他通達了那個地方，這一刻因此沉浸在無比的喜樂當中。此刻即便見了佛，也再沒有一句想問的東西。他那一刻大徹大悟。後來他成為一位母續金剛偉大的傳承持有者。他的祈禱裡面既有儀軌，也有無聲、有聲的狀態，三者合一。這樣的祈禱是回歸心靈的過程。這種祈禱叫做融合。

原來的你是成千上萬個碎片的組合，你要找回每一個碎片，每一個碎片裡都有你的格局和模式，但即便這樣，依然沒有辦法完善。因為這些格局和模式是與時間和空間一起存在，不是一生不變的東西。今天想修復的東西，也許明天不想修復，它是因為變而存在的東西。人類一個特點是，從來不認同變，希望所有東西不變。人類的追求是為了不變而追求的。恰恰相反的是，我們所有的存在是因為一種變而存在的。所以用你的模式和格局來修復的時候，永遠修復不完。

但是透過祈禱，碎片的你，不完整的你，得以進入修復的過程。我們剛開始，也許依賴於儀式、儀軌。有時候依賴於聲音，有時候依賴於宗教信仰，這是讓生命幻象粉碎而讓真實的自己得到修復的過程。但是最後你透過這樣的方式，也許能夠明白原來自己其實從來沒有粉碎過。

過去的你認為自己是碎片，看到自己的不完美，覺得要修復，把碎片當作自己，每一個碎片也是成千上萬個碎片的組合，你是成千上萬個自己的存在。你感受到一個我的存在，想為這個我做一些事情，覺得成千上萬個東西都是我的，丈夫、太太、孩子、五臟六腑……這個是我的，那個也是我的。每一根汗毛、每一個細胞都是我的。那個時候你的生命不僅粉碎，還在一個虛幻的模式裡面遊戲。

祈禱當中，先思考自己此刻的狀態，這樣才能最終走出來。你是個善良的人，還是一個惡人，你把語言、行為、思想一一過濾。過程當中，明白自己是一個帶有傷害的人，粉碎的人，糟糕的人。但是祈禱最後的結果，卻是讓你慢慢明白，你並不糟糕，不需要任何修復，你本來就是完美無瑕而圓滿的人。我覺得這是祈禱的最高尚的一面。

這個遊戲裡面，你有一個特別強大的自我，想修復它。但祈禱的真正目的不是修復本身。祈禱的目的是明白你沒有什麼需要修復的東西，因為自身本來是完美的，不需要修復。此時你的修復才告結束。

2

人怕孤獨，怕寂寞，內心有恐懼，有絕望，宗教的祈禱可以幫助解決人內心深處的那份孤獨和寂寞。人為什麼要去交朋友，為什麼看電視，為什麼看報紙，為什麼上網？因為希望有連結感。有連結感的時候，孤獨感就消失了。但是現實生活中，即便人與人在一起，各自仍然活在孤獨當中。為什麼？因為我們連結不起來。

比如有時我們離得很近，但是每個人跟手機說話，跟它互動，沒有人在相互溝通。這是一個冷漠的時代。網路是一種連結方式，可以知道這個社會發生了什麼，你因此覺得自己是社會的一分子。也許所有動物都有內心孤單的痛苦，但是人的內心孤單超過所有動物，這種痛苦非常可怕。人在失去親人的時候痛哭，為此悲傷，事實上並非因為失去對方而哭，而是為自己的孤獨流淚，這是典型現象。

膽小、焦慮、憂鬱、心理壓抑的人需要祈禱。內心的孤獨感可以化解。如同一個人站在山頂，唱著心目中的神，不管喊哪一個神的名號，或者只是一個祈禱詞，念的時候，風和大山裡面都是他的聲音。聲音讓他和整個宇宙、整個地球連結在一起。此時人會特別有勇氣和富足感，因為不再是一個孤立的存在。你是這個宇宙的一分子，或者反過來說，這個宇宙的全部就是你。你悟到生命更深層的核心的存在。原來的你特別想占有，怕失去，但這一刻你明白到更深的東西。你不再有饑渴，不再有占有之心。

往往有很多人在經歷當中，祈禱他的宗教信仰的神的時候，整個教堂裡都是這個聲音，整個宇宙都是這個聲音，整個五臟六腑，每一個小毛孔也是這個聲音。這個時刻，你是聲音的化身，還是聲音是你的化身？那時我們可以得到更高層次的思考。

在社會當中感受不到人間溫暖，和愛沒有連結，和親情沒有連結的人，如果多學習祈禱，也許可以和一個最高尚的東西連結。它超過了戀愛這種情感的連結，或者是父母親情的連結，或者是任何一個宗教的神的連結。它是你和宇宙的連結，或者說是宇宙和你的連結。你那時的祈禱是最高尚的祈禱。

對人來講，明天是神祕而陌生的東西，它意味著所有要做的事情都是不熟悉的。人一旦要面對陌生，就容易失去勇氣，不管是選擇婚姻還是選擇事業。陌生背後，意味著面對成千上萬無法預料的事情。因此在面對陌生的時候，最主要的不是你準備了多少東西，而是你有多少勇氣承載未知，就像一輛卡車一樣，要看最大載重量，而不是出發時帶了多少貨物。出發時所帶的東西，在路上不見得能用上，但是最大載重量可以讓你心裡踏實。

人類面臨的最大問題是缺乏勇氣。人生的失敗，不管任何方式，最大的失敗不是被這個事擊垮了，而是被這個事所引發的種種擔心和恐懼所擊垮。如果你有自信，絕對有面對的力量。祈禱和自信，可以甦醒人內在正面的能量，可以點燃它。祈禱在失落和恐懼面前，如同救護生命的一個神。

我本人不知道菩薩的存在，也不知道神的存在，但是我相信他們的存在，因為「相信」會帶給人力量。人在面對未知和困難、黑暗的時候，祈禱如同一盞明燈。如果你的人生在經歷磨難，經歷逆境，祈禱會如同黑暗當中的一盞明燈，照亮前景，因為你的信念在。祈禱是培養一個人內在信念的方式。

因此祈禱要有儀式，也要有聲音。有儀式和聲音，內心培育起來的信念會更強大。很多事情因祈禱而成功，並不是祈禱幫了一個人，而是祈禱的信念幫了他。不管是心靈的修練，還是事業的成功，信念應該是唯一的支撐點。祈禱是養育人的內在信念的源泉，完全滋潤自身。即便一個人盲目地進行祈禱，也有一定的作用。他祈禱的過程，是培養內心信念的過程。如同婚姻的儀式幫助婚姻更堅固，是一樣的道理。

有的人覺得儀式多餘，有的人覺得儀式重要。有的祈禱有儀式，有的祈禱沒有儀式，但是祈禱的目的是一樣的，不是成為一個信仰者，不是成為一個神的崇拜者，不是成為一個宗教祈禱儀式的推崇者，祈禱的目的讓自己像神一樣覺醒，有勇氣地活著，敢於面對痛苦，接納所有困境。

祈禱也是一種學習肯定的方式。現在我們處在一個懷疑的時代。越懷疑，人與人之間越分離。祈禱是肯定自己的方式，一個學佛的人必須相信自己能夠成為佛。信神的人也是透過祈禱的方式，相信自己能夠見到神。我再說一遍，祈禱的世界裡，除了肯定，沒有任何否定，它是肯定別人的過程，但最終是肯定自己的方式。這個肯定讓你明白，你原來沒有缺失。你的本身跟佛無分別，跟神無分別。

人類天生有懷疑。喜歡否定別人，否定文化，否定別的事物。人天生和這種計較心理待在一起。我們在學習的過程當中，往往有疑惑才有答案。但祈禱是在肯定中找回答案，而不是帶著疑惑去尋找答案。

在佛教的傳統習慣當中，比如說念誦上師祈請頌，可以感受到他們的覺悟、慈悲、精進、包容以及那份無我純粹的愛，充滿覺醒的力量。站在每一個角度看它，把自己和它相比，都會覺得自己非常渺小，同時卻又覺得自己在成為和它一樣的存在。必須要肯定完美的對象，這個肯定的它，既是完美者，也帶領著你。透過這個完美的帶領者，在認同和肯定的同時，漸漸明白自己跟它是合二為一，毫無分別的。你知道自己和佛是不二的，和神是不二的。這是祈禱的美妙之處。

祈禱也是一種憐憫和仁慈的學習。世界的和平，人類的和諧，家庭的和睦，身體的健康，事業的順利，所有有情生命的平等，願他們喜樂。你在祈禱的時候，正在學習愛。你沒有力量，必須借用外在的力量。我們說佛是智慧、慈悲、力量的源泉，神也一樣。但是漸漸你融入到一定程度的時候，不是他們成了你愛的源泉，你自己也跟他一樣是愛的源泉，智慧的源泉，力量的源泉。它既是你的源泉，也是你生命回歸的地方。

你透過祈禱，融合在愛的海洋裡，融合在智慧的虛空裡，如同冰塊融化之後變成了大海的力量，你變成了力量。祈禱的目的是回歸到自己的內心，純粹地活在愛的世界，智慧的世界，慈悲和力量的世界。那一刻，你不再孤獨，不再恐懼，不再有缺失。那一刻，你就是力量，就是愛。

3

祈禱的方法有成千上萬的不同。密宗儀軌當中就有各種祈禱的方法，更不用說其他的宗教。包括伊斯蘭教、基督教……都有自己自古以來一直存在的獨特而完美的祈禱儀式和內容，但是本質上差不多都是一樣的。這些祈禱幫助了成千上萬人，不管是在哪一個時代。從我的角度來講，祈禱的時候，一個有信仰者的祈禱，和沒有信仰的祈禱是有所區分的。但不管信哪一個宗教，你在現實生活當中，每一天都應該對自己和他人、對世界做一次祈禱，在這樣的過程中，你將會成為一個不一樣的人。因為這個祈禱的過程就是學習愛。

假設我們進行祈禱，所在的環境應該相對比較平靜。你問自己，有沒有勇氣把生命全然交給根本不知道的一個人，讓他來支配。祈禱的核心是把自己全然地交給一個人。把你的生命全然地交給佛或者神，或者全然地交給公司、愛人或者親人。你有沒有這個勇氣。如果沒有，就很適合學習祈禱，祈禱就是全然地把自己交付出去。但是我們通常會有錯誤的模式是，當我祈禱時，我只是在祈求，不是在交付。這樣的祈禱不進行更好。

祈禱的核心是祈禱，而不是乞討。你當初的動機是什麼？動機是你把生命全然地交給一個人。

在平時生活當中會感受到焦慮、壓抑、鬱悶、傷害，心理上有種種症狀的這些人，我建議學習祈禱，怎麼去祈禱呢？每天都嘗試。不需要特定的佛堂、佛和神像，純粹地在一個溫暖、優雅和乾淨的環境裡面待著。待著的那一刻，告訴自己，此刻我嘗試做一次祈禱。我的祈禱是嘗試要把自己完全地交付一次。

如果你是有信仰的人，就在前方觀想自己信仰的那個佛或者神。沒有信仰的人，就在前方想像有一個正面能量。正面能量的核心是什麼？是我們人類文明從開始一直探索的智慧、愛、力量和慈悲完全融合的一個亮光在前方。你把自己的生命全然交付的同時，用這個力量為自己洗滌，沒有任何猶豫。同時盡可能希望把這個力量變成自己的，希望和這個力量成為一體。你在不斷祈禱的時候，它們是你愛與慈悲的源泉。

你像一個有缺失的糟糕的容器，這個容器要用愛、慈悲、覺醒和勇氣來洗禮。洗禮之後，你能夠承載愛的力量，能夠承載智慧的力量，能夠承載覺醒的力量，能夠承載勇氣的力量。並且自己也成為這份力量。

什麼是敵人？你相信他是你敵人的時候，他就是你的敵人。你把他當成朋友的時候，他反映出來的則是真正朋友的反應。這個世界上的無和有是怎麼來證明呢？任何東西，你所感受到的就是有，你感受不到的，不管它存在的範圍多大，對你來講就是無。所以不懂得愛的人，無法想像愛的力量，因為他的生命裡面不存在。所以我們此刻做祈禱，不要置疑愛存不存在，或者宇宙核心是否有正面的能量，它是否是一份力量。不要帶著懷疑去做，而是全然相信它。相信它的時候，它會成為你。

如果進行這個儀式，我建議大家，家裡有些花的話，可以讓自己和花離得近一些。花把它生命所有的美綻放在你面前，它也幫助你綻放生命內在最美的東西。再來一些美的音樂。這段音樂也許你一點都聽不懂歌詞，但沒有問題，既不是悲傷的，也不是激情的，就是讓你動心的一段音樂。然後漱口，洗一下臉。坐著站著都可以，但我建議坐在椅子上。端正地坐著，以自己舒服的方式，兩手輕輕放在膝蓋上，手心朝上。先三次呼吸，調整好呼吸本身。靜靜閉上眼睛。如果有音樂，聆聽這個音樂。如果前面有花，輕輕聞花香，對花生起感恩和欣賞的心。就這樣待著。在自己的前方，有信仰者想像自己信仰的佛或者神，沒有信仰的人想像宇宙間正能量的一股光在前方。不斷在心靈裡面默念，讓這個光不斷地洗滌自己。

宗教的祈禱有很多的祈禱詞，但是此刻進行的時候，不需要祈禱詞。只是要先相信那份愛，那份決心，那份慈悲，再來是把生命交給他。這樣一個過程。任何時間都可以。祈禱之前，自己樹立很正面的方式，以乾淨、純潔的樣子來祈禱，因為你此刻要連結一個最純潔的東西，所以你也不要是邋遢的，你以最純潔的方式站在那裡，或坐在那邊，聽聽音樂，聞聞花香，看看一些燭光、燈光。坐在那邊，任何場景都可以。清淨的地方比較能夠幫助你進去。

祈禱過程中更多的是你的相信、接納。不需要發出聲音，是默默的意念，讓前方的存在把正面能量給予你。先是全然地相信他們有正面能量，相信之後，是接納。在接納的過程中，讓自己也成為這樣的人。讓自己在今天早上上班的時候，把這些正面的能量帶到公司，帶給員工、同事、朋友、家人、親人，甚至是全世界所有的有情生命，連一草一木都能感受。這樣的方式進行大概五到十分鐘。每天都要有這麼簡短的時間。

祈禱是讓碎片的你領悟到完整，並且知道自己的完美。祈禱，讓你從懷疑變成從此不會置疑，曾經的置疑讓你無法前進，祈禱則把你迷茫的眼睛摧毀，重新給你一雙因為相信而發出光芒的眼睛，帶著你往前走。祈禱，甦醒了人內在的覺醒和勇氣，原來脆弱的你變得堅強。祈禱，是一種勇氣的學習，一種愛的學習。祈禱是神聖的，讓你與一直信仰的佛連結，和你的菩薩連結。不光是連結，你自身成了這一切。祈禱，是你和宇宙之間正能量的連結。正能量連結了你，成了你生命的一分子。那一刻，你體會到自在。

禪修

禪修是認識當下的方式，
也是認識你自己本來面目的方式。
你的本來面目就是禪。

1

禪不是佛教獨有的，也不是印度教獨有的。所有宗教當中，或多或少都有禪和禪修的存在，也許禪只有一個，但卻有成千上萬種禪修的方式。禪是真理，修是認識禪的方式。也許人類文明的開始就有了禪修的訓練，歷史上確切的時間不得而知，但是可以肯定地說，人類宗教開始之前就有了禪修的存在。有的叫冥想，有的叫禪修，有的叫觀想，說法大同小異，所指是一樣的。

禪修是通達究竟覺悟的方式。也許真正的禪也是覺悟，禪和覺悟平等不二。禪定的「定」是認識禪的方式。那「禪」指的是什麼？禪是《心經》所說的，不垢不淨、不增不減、不生不滅的狀態。生命的實相可以稱之為禪，真如實相為禪。無所住，無所掛罣，無所懼，無所執著，是禪。覺悟是什麼？覺悟是不再有分別，不再有判斷，如如不動待在生命當下一刻。是煩惱和情緒的終止，是無明的終止。這可以稱之為覺悟。

自性昏迷的狀態是沉睡在無明、虛幻、分別、執著裡面，一直沉睡。煩惱和無明充滿判斷、執著、二元對立以及自己的看法，然後你慢慢甦醒。我們把這種模式粉碎，你強大的自我粉碎了，不再在局限之中活著，這個狀態可以稱之為當下的覺醒。當下的覺醒是禪。原生的生命如同天空一樣，既沒有邊界，也沒有中心，但是因為我們有了無明、煩惱、執著、分別，二元的束縛一直緊緊捆綁著我們。因此我們有必要進行禪修。

佛教有四禪八定的說法。有大乘禪、密乘禪、動禪、頓悟禪、漸禪、大手印禪、大圓滿禪等。禪指的是每個人當下清淨的生命，突破局限，超越宗教理念，跟宗教沒有關係，跟文化也沒有關係。真理不是文化的產品，不是宗教的產品，真理就是真理。但是我們講解禪修的時候，不得不提起一些宗教詞彙，因為它的存在大多是在宗教模式裡面。禪修也許是一種宗教，一種文化，但禪不是文化，也不是宗教。為什麼這麼說？每一個人都是禪，但是不一定每一個人都是禪修者。每一個人都是佛，但不一定每一個人都是學佛者。

現在大家熟知的禪，是文化和宗教上的那個禪，不是真正的禪。前者有各種觀點、說法、邏輯和理論在支撐，但是，真正的禪不需要分析、邏輯，也不需要文化、宗教。如果我們要真正瞭解禪，首先必須脫下身上一切文化和宗教的外套。脫下，才能夠體會到真正的禪。宗教是什麼？文化是什麼？它們是你和真理之間的溝通方式，不是真理本身。禪的哲學和理論也是一樣，它們是你和禪之間的一個橋梁，不是禪本身。

禪本身是最純然的自己，赤裸裸的，沒有任何修飾。原本的真實的自己就是禪。

我們要瞭解禪，一定要用更高尚的眼睛來看待，不是用混合宗教、文化的眼睛來看待禪。禪意味著瞭解自己的所有。瞭解了禪的那一刻，也瞭解了真正的生命本身。

禪的存在超越想像，想像的世界沒有禪，想像的世界裡只有你的二元、分別、對立。禪本身是完美的瞭解，如同佛成佛之後，不需要說再成佛，對佛來講，再成佛是不存在的。按這個理論來講，過去心不可得，現在心不可得，未來心不可得是什麼意思？假如說你問佛，你沒有成佛之前是幹嘛的？他會告訴你，我沒有成佛之前，我一直都是成佛，所以他過去是不可得。你成佛之後幹嘛呢？他說，我沒有成佛之後，我一直成佛。你現在幹嘛？我沒有現在，我一直都是在成佛裡。

《心經》裡面說：「依般若波羅蜜多故，心無掛罣，無掛罣故，無有恐怖，遠離顛倒夢想，究竟涅槃。」那「究竟涅槃」是什麼？是達到彼岸的智慧。抵達彼岸的智慧是什麼？我認為禪就是抵達彼岸的智慧。現在這裡的禪，是在中國漢文佛經當中，從禪那的音譯中縮寫的。清理和拋棄邪惡的念頭，叫做棄惡。禪那的含義是棄惡、靜慮、清洗的意思。簡單地說，是靜心地思考和冥想。這裡所說的，是無造無修的狀態，是明心見性的本來，我們叫做光明的自性。平等合一來講，這是禪的一個狀態。

心安住當下而覺知的一刻，就是依般若波羅蜜多故。那個時候的心是無所掛罣的狀態，遠離所有顛倒夢想。顛倒夢想指的就是痛苦、煩惱，希望渴求幸福、快樂，為這些不停去尋找，但是最後所得到的往往不是這些。在我們領會到禪的時候，重新獲得了生命的自由，不在身心的障礙和束縛裡活著，找到一個內在的天堂。

也許最真實的天堂就是沒有空間的摧毀，也沒有時間的消失。它超越了時間和空間。它就是一個如此神聖的、神祕的、難以用邏輯思維來闡述，也沒有辦法用語言來真實描述的美妙的東西。這就是禪。

2

禪修是認識當下的方式，也是認識自己本來面目的方式。本來面目就是禪。那什麼叫做本來面目？你的自性光明，你的自性皆空，你的本性清淨。那麼禪修是什麼？無造作地安住在此刻當下就是禪修。沒有修飾，沒有過去的憂慮，沒有未來的焦慮，只有當下清淨的心。這是禪修。禪修的方法有兩種。第一個是安住的修練，第二個是覺察的修練。也就是寂止、勝觀，通常所說的止和觀的修練。覺察和安住，能使我們瞭解祕密的本具圓滿的佛心。

都市生活當中，身心浮躁的人適合禪修。不管是成功者還是非成功者，不管哪一個族群，都有複雜和壓抑的妄念、分別，有各種煩惱、情緒占滿生命。可悲的是，這些被情緒折磨的人，根本不知道自己在受情緒的捆綁。他一直掙扎，覺得自己在處理這件事情，實在處理不了之後，選擇酗酒、抽菸。這些相對來說還比較幸運。還有更多不幸的人透過藥物來試圖救治自己。很多人此刻的生命狀態是悲慘的，完全被情緒、思維模式控制住生命，有時連睡眠的空隙都沒有。有毒癮的人在吸毒的過程當中，知道毒品有害，但是內心的情緒帶來的壓抑和虐待太深，沒有辦法承載痛苦。唯一的方式是以破壞身體的方式來發洩。

在痛苦當中，哪個痛苦最難受？肉體的痛苦來臨的時候，人還有力量面對。很多病人聽從醫生安排以治療身體的疾病，不管怎樣，能夠有力量去面對身上的病魔。但是很多人沒有力量去面對心魔帶來的痛苦。心魔一旦出來，人是非常脆弱的。這個痛苦完全超越了肉體的痛苦。你的心魔發作的時候，怎麼去掐自己的身體，怎麼去傷害自己都沒有反應，它不過像一個通道，幫助你減輕一點點痛苦。現在也許很多人都是著了心魔的。心魔變出無數個詛咒，讓他們迷失其中。

一旦中了心魔的詛咒，言行會輕易傷害生命中最愛的人、最親的人和自己。對想要害的人，卻沒有這個力量，害不了。你發覺不了自己的錯誤，卻在它的掌控之下進行傷害與被傷害的過程。沒有一個片刻是感動與被感動、溫暖與被溫暖的存在。欺騙與被欺騙，拋棄與被拋棄，焦慮與被焦慮。那個時候的你，如同沒有任何方向地生存在大沙漠裡面，不停掙扎，不停修復，但今天修復完，明天的風雨又覆蓋住修復的東西，一天天在這裡面重複。這種重複就叫輪迴。

我對煩惱的定義是重複，我對輪迴的定義也是重複。這是我的思考。那時候你的人生是機械式的重複過程。重複的是什麼？痛苦的重複，情緒的重複，焦慮的重複。但卻沒有能力發覺自己在重複。所以我們要修習安住和覺察。這會幫助你在重複裡，在習性的模式裡，慢慢甦醒過來。覺察到你原來是這樣活著的人。在覺察習性的過程當中，會知道自己的煩惱、情緒都是因為習性所導致。

習性難改，所以對它的覺察對現實生活的幫助無窮。人最難的是改變，能改變你的人就是自己，沒有別人。禪修讓人懂得如何去改變，除此之外，世上沒有任何東西可以讓自己改變。改變了，也許有所不同。改變的權力在每個人的手裡。學校裡面的學習是讓我們學習知識，而不是去改變習性。禪修不需要學習知識和理論，但卻是真實地讓自己改變的過程，改變習性的過程。這個過程既完美又自然，是舒服的狀態。這個改變不是要服從一個教條，也不是服從一個政治，只來自於一個自然的狀態。這個改變可以從裡到外。

安住是什麼意思？安住是我們每個人在清淨的當下裡待著，沒有躁動，沒有情緒，沒有起心動念，沒有分別。不管生命當中發生了什麼難以想像和預料的事情，都可以坦然面對。絲毫影響不了生命本身的那種寧靜、純然和安詳。如同黃金，不管在泥水裡面打滾多少年，從未被泥水染汙，仍保存黃金的狀態。這就是當下的力量，是我們原本的生命本身，原本清淨的心。不管在煩惱、情緒裡面打滾了多少年，不管是上萬年還是上億年，它的本來面目就如同是黃金，從來沒有改變。安住的狀態不需要修飾。黃金就是黃金，不需要修飾，也不需要添加。外界的東西感染不了黃金本身。這是安住。

所以情緒來臨的時候，如果一個人有足夠強大的力量，這個情緒就不會主宰他。首先他覺察到了這些情緒來臨，情緒來了之後，他有安住的力量，就不會讓情緒帶著走。對我們人來講，最大的問題是被情緒帶走。學佛的過程是熄滅貪嗔癡的過程。問題是，一些佛教徒會忘記這個目的，只記住了所謂的宗教儀式、所謂的信仰本身，但是熄滅貪嗔癡的過程忘記了。禪修也是一樣，它的目的是熄滅貪嗔癡。當你覺察到貪婪來臨的時候，一個是覺察，一個是有安住的心。心安住在不貪婪的清淨之後，貪婪本身就沒有力量了。

安住法有三個不一樣的狀態，第一是安住在生命清淨裡，只是安住本身，內心不亂，不往外奔馳，不往外去執著；第二是看到生命本身流淌的大慈大悲的力量；第三是觀照自己的安住，同時在裡面觀察到天下眾生的苦難，漸漸生起同體大悲、無緣大慈的愛。

了了分明、清清楚楚為覺察，內心不亂、如如不動為安住。現在每個人都很自我，自我並不是一件壞事，但是自我過頭是一件壞事。我們可以看到別人身上的成千上萬個不足，但是也許一輩子看不到自己的一個缺點，因為自己感覺良好。這意味著什麼？意味著你一輩子也沒有改變的機會。因為不知道自己哪裡不足。當我們有覺察的心，它會帶來很大的變化。

不管是離婚的人，失眠的人，事業失敗的人，內心充滿著情緒、壓抑、憤怒的人，每個人都是因為有問題，才有了這樣的結果。但是我們不去分析這個因在哪裡，只是一直掙扎在這個果裡面。果來了以後，我們砍掉，摧毀掉，但是沒有覺察過、分析過、瞭解過它的因。我們以為處理過一萬個問題，但實際上卻一個問題都沒有解決。

比如說我們在一個公共場所生氣的時候，告訴自己，我不能生氣，人家看到我的狀態會多丟臉。這樣的時候，你只解決了情緒的表現，沒有解決情緒本身。很多人在生活中、工作中，有不愉快和不滿的事情產生，就用種種理由把這個果解決，沒有爆發出來，但到了家裡，壓抑的情緒仍然在，某一點會爆發。這個根其實就是工作當中積累下來的因。他們把這個情緒模式帶到家庭裡面，破壞了家庭氣氛。這樣的現象特別多。如同你想解決失眠，會選擇吃藥，但不去分析為什麼會失眠。吃了藥，不去解決失眠的根，就會依舊跟失眠在一起。

因此，覺察就像一面鏡子，讓你看清楚自己，之後有勇氣去改變，去接納自己這個有缺失的人。往往我們生氣的時候無法接納自己的缺失，把缺失轉變到別人身上，去傷害別人或懲罰自己。禪修的時候，能讓你在安靜的生命當中。在清淨的當下的生命裡面，覺察到內心深處的骯髒。那麼，在真實的生活當中，真實面對自己的時候呢？心裡是很空虛的。所以現在不少成功人士在不做事的時候就會覺得內心空虛，待不住。內心空虛的原因是你一直在太多虛偽裡面待著。一個人待著的時候，就會承受不住那份空虛、恐懼、孤獨、寂寞。我們現在想安靜地待都待不了，這是這個時代的可悲之處。這個時代的人，根本無法安靜地自己待一個星期或者十天。

這證明了什麼？習性在摧毀你的生命。如同一個人吸毒上癮，對謊言和虛偽的上癮是差不多的。但在學習禪修的過程當中，我們安靜地待著，享受自己的生命，感受到整個宇宙的存在，享受陽光，享受呼吸。原來天天奔忙的你，忘記了空氣的美好，陽光的燦爛，忘記了世界的美好，忘記了人與人之間的愛和情感所流淌的溫暖。站在事和事的裡面，所有用來做藉口的就是事。但是一定要記住，所有事的背後都跟人心有關係。沒有所謂的事的存在，事就是人心。事是什麼？人心的謊言。所謂的事是人心的產品。你待在人心的謊言和焦慮當中，體會不了生命本身存在的最正面的意義。

學習禪修可以覺察更深層的生命，可以修復你。此刻的你全身都是傷，內心都是傷。你的覺察，你的安住，在慢慢修復你所有的傷口。

3

渴望自在的人，渴望幸福的人，要學習覺察和安住。它們讓你變成生命的擁有者，成為當下的擁有者。學習了覺察和安住之後，你找到的是當下。擁有了當下，就擁有了所有；失去當下，也就失去了所有，更失去了生命，一切都失去了。

不管生活當中有多少成功，但是這些成功沒有帶給你放鬆和自在，也許只是讓你變得更饑渴，更瘋狂。原來的你還能夠自在地睡覺，此刻的你，簡單的享受睡眠的權利都沒有。所以此刻的你是狼狽的，可悲的。學習禪修可以幫助你，不光是享受人生，也可以享受你的睡眠，享受清淨的當下。總而言之，不找回生命，沒有辦法找回任何東西。

我們沒有辦法待在安住的世界裡，所以犯了這麼多錯誤。現實生活當中，我特別欣賞兩個人，一個是麥可・傑克森，一個是李小龍。當他們演出的時候，如此從容、瀟脫、自在，看不到虛偽的痕跡，只感受到當下的純真。傑克森歌唱的那一刻沒有任何造作，所做出來的就是完美無瑕的。因為他這些東西完全是和天性連在一起。李小龍的動作也是一樣，他在安住裡面。安住是指什麼？沒有造作，非常純粹的當下。這種純粹的當下所出來的東西超過任何一種藝術。

因此最高尚的藝術是沒有造作的當下的產品，它們可以稱之為引領生命的方式。我們生命裡面最缺失的是當下的產品，而不是造作的產品。我們處處都是造作，處處都是虛偽。但是因為當下裡面所流露出來的是我們生命最缺失的東西，所以當我們能夠待在當下、感受當下的時候，你就是生活中的藝術家。當你是個生活中的藝術家，你的生活會變得豐富多彩，裡面沒有什麼造作和虛偽的成分。

安住的時候不存在憂傷和焦慮。感受到的是生命本身，而不是生活的產品。不安住在當下的一刻，所感受到的是生活的產品，不是生命。你感受到的生命狀態，是千萬年來抵達不了的一個地方；但是我們感受到的生活的產品，是人人都擁有的東西，每個人內心的不安是因為它所導致的。你內心的不安是什麼？內心的不安就是生活的產品。

你的生活生產了什麼？內心的不安。總而言之，你不是個生命自在的人。那成了什麼樣的人呢？你成了生活的產品的感受者和享受者，而不是理解當下的人。

理解當下的那一刻，才沒有任何局限和掛罣，沒有內心的不安和躁動，只有一個純然的生命在。這就是安住的力量。

貧窮的原因是，我們失去了當下。失去當下的人是可憐的人，找回當下的人是自在和自由的人。這邊一定要舉個例子，那是誰呢？找回當下的這些人，耶穌、佛，這些聖人，他們找回了當下，找回生命本身原有的東西，所以他們不在憂慮和焦慮的世界活著，成了擁有者。這是安住。

禪修的方法有成千上萬個方式，現在我用一個特別古老的方式讓你放鬆。讓你進行禪修。

第一，身體保持平衡，脊椎要直。你坐在一個椅子上，或者坐在一個沙發上，或者只是單盤坐著，總而言之是以最舒服的方式坐著。

第二，控制呼吸，調整呼吸。呼吸是離你生命最近的一個東西，我們借用它來連結你和你生命的橋梁。很多人以此悟到了很高的一些境界。

第三，觀想。以意念的觀想和安住的方式，將更多的心念放在呼吸上，默默地有一個聲音帶著你的呼吸和念頭走。吸的時候告訴你說，親愛的你要回歸，呼的時候你說，親愛的你要放鬆。你慢慢說著說著，最後不要有這個聲音。你放鬆並在當下待著。在這樣的清空中維持十分鐘或者半個小時，甚至五分鐘也可以。對身心健康會有一個前所未有的效果。

禪使你局限的生命變得無限，你粉碎的生命變得完整，焦躁回歸到寧靜，得到一個滿足而無缺失的狀態。在現實生活當中，對自己的生命做一次禪修，是無與倫比的禮物。我建議你在一生當中，給自己這樣一次最神聖的禮物。你真正要熟知的一切，不在外在的世界，是你自己本身。因為也許你真正陌生的人，是自己本身。禪讓陌生的自己變得熟悉，期望和恐懼不再產生，這個片刻是一個完整的狀態。

這個片刻，你會成為一個懂得看著的看者。沒有迷茫，沒有焦慮，只有一個清晰的自己在看著。世界裡面只有一個清清楚楚、明明白白、清涼的蹤跡在，懂得了所有。生命裡面沒有疑惑，你成為能夠看懂一切的人。看懂一切，佛教當中也稱之為具有了遍知的智慧。在清晰的背後，觀察到一切眾生的苦難，自然生出生命本具的慈悲與智慧。

愛

愛就是解脫，愛就是自由。

除了愛之外，沒有再好的解脫。

愛是一種方法，也是結果。

愛是慈悲，也是智慧。

1

愛是一種非常積極的情感。懂得施予愛是非常重要的。有能力施予愛，代表你擁有幫助他人和給他人生活帶來快樂的善良品質。然而，不知道如何正確地施予，將會帶來問題。

當有人說愛我們，我們會認為他們愛上了我們的好品質。聽到別人愛我們，我們會想像，這個人可以為我們做任何事，這種想法使我們快樂。但是，當人們說「我愛你」時，這句話的真正含義是什麼？「我愛你」的真實含義往往是「我要你」。說話的人不是要將自身施予，而是想擁有。「我愛你」的真實含義和人們實際使用的含義相差甚遠。

儘管如此，當我們聽到愛的告白，還是會認為示愛者會為我們的幸福做任何事。這樣開始的交往很危險，因為雙方的目標不一致。當女孩聽到「我愛你」這三個字，卻不知道對方想擁有她。而她也如此回應的話，他們表達的意思是不同的，那麼兩個人常相廝守後，會發生什麼情況？

兩個交往中的人，需要共同做出許多決定，包括去哪裡遠足，在何處休息等等小事。雙方只要意見不一致，就會產生問題。這些問題的產生，是因為雙方都有期待。如果你希望兩個人一起去遠足，而他不願意，你就會想為什麼他不去，你的想法是：「如果他愛我，為什麼不這樣做來使我高興？」而他也會有相同的想法。

這種愛，從一開始就是建立在私欲的基礎上，沒有考慮他人的要求。如果我們認為愛我們的人必須做我們希望做的任何事，這種愛就是基於我執。有些沉迷於愛河的人，會做出很多極端的事，比如將愛人的名字刺青在自己的皮膚上，這種行為被誤認為真愛的證據。能夠忍受刺青之痛的人，事實上，表現了強烈的我執。記住，我執反映了強烈的自我意識，以強烈的自我意識為導向，示愛的形式越強烈，我執就越強烈。

如果一個人真正愛你，不管你做什麼，他都會把你看成一個可愛的人，給他帶來快樂。

有關愛的另一種錯誤觀念是，我們經常期待另一方陪著我們，為我們帶來快樂。如果對方不這麼做，我們就不以愛回報。如此清楚地表白「我愛你」，只是「我愛自己」的託詞。我們嘴裡說的愛，只是我執和我愛的表現，這兩種負面想法都將帶來痛苦。

當我們聽到某人說「我愛你」時，最初的感覺是那人將給我們什麼，這樣說的人也認為自己已經給了什麼。愛表白了，兩個人都感到快樂。求愛的人認為他的求愛已經被接受，接受求愛的人也認為她已經得到了什麼。所以，「我愛你」這句話引發了兩種想法——兩個當事人的我執，使他們認為各自的願望得以實現了。一方愛的表白被接受，另一方知道被人所愛，他們的快樂都基於強烈的我執，強烈的「我」的意識。

「我」的意識越強，愛就越建立在執著上。這種愛實際是「有毒的愛」，因為它會帶來許多問題和痛苦，乃至毒害雙方的心靈。可見，世間普通的愛常常被負面情緒所控制。

例如，你愛上了一個男人，有一天他突然實現了他的深切願望，功成名就，名利雙收，他的成功會使你快樂嗎？或者，你會不會覺得自己被甩在後面了，不是他快樂的一部分？很多人在交往了一段時間之後，疑問和擔心就開始進入腦海：擔心所愛的人是否會和我們在一起，是否忠實於我們，等等。這些想法滋生了許多不悅的情緒。由於有這種擔心，有些人甚至在對方的成功路上製造障礙，因為她的愛包含著對失落的擔心。這也是一種強烈我執的愛的表現形式。

再假設我們深愛某人，卻發現有另外一人也青睞於她，我們便會不喜歡且不信任那個情敵。同樣，情敵也不在意我們是否會受傷害，甚至向我們所愛的人放電。當這一切曝光，我們會感到劇烈的痛苦，好像心被刺穿了。這種痛苦，仍源於自愛，而非對他人的愛，對於他人也欣賞自己所愛的人，我們常常感到很強烈的失落。為了平息這種恐懼，我們會要求對方給予我們更多的關注，並確認和對方的關係。

上述的愛，均是基於私欲和我執的自愛。由於這種愛產生的目的不是愛別人，因此會導致人際關係中的很多問題。

而真愛，是將他人看得比自己更重要。

當我們示愛時，必須觀察是為了滿足自己的要求，還是真正地愛他人。如果愛的目的沒有澄清，這種愛將為自己和他人帶來痛苦。

2

愛來自內心，是一種可以馬上生起正向能量的情感。懂得分享愛，將給我們帶來巨大的快樂。

愛是不用強迫的，不需要學習如何去愛，一個小朋友就有巨大的愛的能力，即使他還沒有區分不同的愛的對象的能力。

有一種愛是與生俱來的，這種珍貴的愛應該保持，永不磨滅；孩提時代對「我」的分別心與之相比還不算強烈，還沒有造成許多的問題和痛苦。待我們長大後，天性就逐漸受到負面想法的玷汙。現在，這種真正的愛往往持續得很短暫，即使是源於天性，我們也要求對方回報自己，要是對方沒回報，就覺得很奇怪。

如果在生活中體會不到愛，就體驗不到幸福。生活依靠愛，不管我們是否快樂，是否喜歡物質世界或者是愛某人。施予愛越多，我們就越快樂。另一方面，如果我們的愛減少，快樂的能力就會減弱，痛苦就會增加。必須培養天性的愛，它使世界美麗和光明，為我們帶來快樂。

人類和動物的主要區別是什麼？人類施予愛的能力大於動物。作為人類，我們體驗和表達愛的途徑更多，因此，也有了更多快樂的機會。但是觀察現代社會，似乎愛某人就像是送給某人東西，沒有回報就不高興。要求回報的愛，源於執著，我們通常所理解的愛的基礎便是執著。需要區分兩種愛，一種是建立在執著的基礎上的，另一種則是沒有執著的。沒有執著的愛更接近於天性的愛。要產生沒有執著的愛很不容易，因為我們甚至不知道如何產生有執著的愛。

愛的本性是什麼？愛是一種情感，它使我們認為我們愛的人或物十分美麗。當我們不愛某事物時，要看到它的美是很困難的，也很難對它產生欲望，更不要提因此而快樂。快樂也有不同的種類：有些快樂是依靠欲望的，即輪迴中的快樂；有些快樂是不依賴於欲望的，即出世的快樂。普通人很難生起出世的快樂。

沒有愛，就很難看到人、事物的美麗之處。當我們看到某物，我們所見的是自己的心。如果我們愛的能力低，就無法認識到美。比如搬到一個新地方，我們要先培養對這個地方的愛，才能看到它的美，有了這種愛，我們在那裡就會快樂，如果無法生起愛，我們就會遭遇到許多的不快，即使其他人說它很漂亮。

愛的能力為什麼會減弱？是強烈的自我意識阻止了愛的產生。

我們的內心決定愛誰和愛什麼。內心的決定將反映在所選擇的對象上，對某人或某物的情愫都來源於內心的愛的影像。

如果我們能讓愛自由表達，外部世界就會贈予同樣多的愛。如果我們無法付出愛，就會面臨愛的缺失。因此，培養愛和表達愛是非常重要的。

愛是生活的核心和快樂的源泉。如果無法施予愛，人生就沒有意義。沒有愛，痛苦和憂慮就會占據內心，此時，內心是黑暗的，我們的世界也是黑暗的，負面的情緒就會增加我們的痛苦。為了避免這種處境，我們必須學會正確地施予愛。人如果不愛自己，就很難對外部事物生起愛心。我們生活在地球上，通常施予愛是基於欲望的。但是，如果懂得施予愛的方法，即使是基於欲望，還是能夠得到快樂。

當愛增長時，我們會認為自己的朋友友好而美麗，而且這種印象會與日俱增。施予的愛越多，我們體驗到的美就越多。當我們不覺得一個人美的時候，就是我們已經不愛他的明確信號。我們的看法和他人的美無關，完全是出於自己的內心狀態。

3

愛這個詞，不管男女老少，人人都好像特別瞭解，特別熟悉。但反之，愛對我們而言，也是神祕而陌生的。我們很多人也許並沒有體驗過真正的愛，不知道它是什麼狀態。有時以為自己懂了，覺得很明白，但事實上，真的要懂得愛、明白愛是困難的事情。它是生命中神聖而又神祕的一個存在。

對人類來說，愛是天性的、自然的，愛流淌於生命本身，如同一個孩子提起媽媽，孩子自然對媽媽有一個感覺。媽媽聽到孩子的聲音或者名字，也有感覺在。愛是天生的，不需要學習。如果嘗試用學習的方式得到，此生大概沒有辦法學完，因為此生的時間太短。為什麼說愛是天性？假設回返到一個自然狀態，沒有文化、宗教、哲學、生活習性的干擾，只是待在純然的狀態之中，那麼，我們的內在自然而然流露出來的會是什麼？是一種對快樂的渴望，對痛苦的拒絕。快樂即便經歷了再多，對人而言，從不覺得陌生。不管經歷哪一種快樂，每一刻它都是熟悉而親切的。但痛苦不管經歷多少次，始終都是難受、不自在、不適應的。因此愛是人的天性。

愛不是因為學習所獲得。你的學習和愛沒有關係。愛的世界裡沒有大腦，沒有邏輯，即使一個人擁有強大的知識、豐富的經歷，這些對愛都幫不上一點忙。不管你是大學教授，還是讀了萬卷書的人，書、知識幫不上這個忙。一個知識分子，有文化的人，或者情感專家，在體驗愛的時候，有時會使愛更複雜。原因是什麼？因為體驗不到愛的本身。愛不是複雜的知識能夠抵達。所以，人類幸運的地方是什麼？人類的大腦沒有辦法抵達愛的世界，大腦也就沒有辦法去干擾真正的愛的本身。

我相信你肯定經歷過父愛、母愛、親情之愛、男女之愛，但是你對愛會如何解讀？它是一種感動，還是一種悲傷？你對愛的定義是什麼？它是一種內心的反應，還是外在某種事態的反應？你認為的愛，是因為一個人或者一件事而產生了愛，還是僅僅只是生命中某個深沉而祕密的狀態？

我們每個人都有過愛與被愛的經歷，但也許並沒有真正瞭解過愛。所以愛可以稱之為祕密之王。

此刻開始所講的愛，不是平常大家所說的愛。它是更深層的概念，包含慈悲和菩提心。或者在西方宗教當中叫作大愛。它不是情感的愛，可以用更大的主題來講解。愛為什麼神祕？再多知識也沒有辦法去瞭解愛。愛超越語言，超越局限的思維。學習的目的是要明白更多的東西，但是愛沒有辦法透過學習去明白。「明白」這個詞是大腦層面的產物，局限於大腦。愛不是用來明白的。愛是一個人的全部。

如同魚沒有辦法去瞭解大海。因為對魚來講，牠的家，牠生命的源泉，就是海洋。牠的所有都在海洋裡。一旦離開海洋意味著什麼？會面臨死亡。我們現在的人，如同離開了海洋的一群魚，希望去瞭解大海，但實際上卻是和大海分離的。

佛教用菩提心來稱呼它。自古以來，所有靈性的追求者們想去瞭解它，撕開它神祕的面紗，抵達它。但有的人即便用了一生的時間也沒有抵達，有的人用了五百個輪迴也沒有抵達。但是，我們有一個好消息和一個壞消息。壞消息是，人往常的習慣都是透過學習來通達那個地方，但你越有知識，越抵達不了。想透過判斷、邏輯去抵達的人，會在半路上失敗而歸。好消息是什麼？縱然沒有一分知識，沒有一分邏輯，但是你的存在本身也許就能夠抵達。為什麼？因為如果你放鬆，我們叫做毫無修飾，沒有任何造作的時候，人在天性裡面待著的時候，這個天性就可以撬開神祕的門。保持原來的天性，自然而然體會到愛的本身。

想要抵達愛的境界，需要自然的本性。舉例來說，男女的情感也是如此。如果帶著判斷、帶著目的、帶著想法去愛對方，那麼也許體驗不了這份愛。真的想去體驗愛，唯一要做的是把邏輯、判斷、知識……這些所有全部丟下。不光丟下外部的東西，身上所有的標籤也要丟下，所有的模式也要丟下。全部丟下之後，最終留下的東西，就是真實的你。一旦進入愛的體驗，便不再增長任何東西，而是讓生命不斷減損。我們叫做「學習日增，修練日損」。損些什麼？損你大腦裡曾經的判斷、知識、習性，是這些東西往下碎裂的過程。碎得越乾淨，見到的愛越多，越深刻而龐大。

生命當中一般所謂的愛，通常歸納為歡樂的愛，享樂的愛。歡樂的愛跟大腦連在一起，享樂的愛跟感受連在一起。所謂歡樂的愛是什麼意思？你穿上昂貴的衣服，但它並不能幫你遮擋風雨，肉體的反應不是舒服，但是邏輯層面產生的判斷是，穿著如此美妙的衣服，應該生起一種快樂的情緒。這個快樂就是歡樂的愛。為什麼？它是昂貴的、美的、標準的，所以你喜歡。在歡樂的愛裡，肉體是痛苦的，精神是幸福的，男人玩這個遊戲玩得比較多。比如登山運動員，帶著生命危險去爬山，肉體經歷沉重的考驗，但走過來之後，特別自豪。他追求歡樂的愛，所以能夠戰勝肉體的苦難。

在享樂的愛裡，如同吃一塊巧克力，美味的感覺傳到身體裡，味道讓人特別享受。這是享樂的愛，不是歡樂的愛。在邏輯層面，巧克力吃多了會增肥。一般男人都喜歡歡樂的愛，女人喜歡享樂的愛。按這個意義上講，男人和女人在情感世界裡面，要深層溝通相對來說是很困難的。困難的原因是什麼？男人往往站在歡樂的愛當中，女人往往站在享樂的愛當中。若要進行愛的學習，男女之愛也許是相對最好的學習方式。真的要體驗愛，必須兩者合一才是完整的體驗。如同一隻鷹飛翔在天空，只有一隻翅膀沒有辦法飛翔，必須要有兩隻翅膀。不光有歡樂的愛，也有享樂的愛。這純粹是我的理論。

一對夫婦，不管是結婚二十年的，還是結婚三年的，往往回到一個歡樂的愛裡面，沒有辦法回到一個享樂的愛裡面。原來你看他，不光是他的眼神多麼地迷人，他的笑容多麼讓你沉醉，他身上的味道多麼讓你瘋狂，擁抱的時候多麼讓你享樂，但是漸漸地這些都沒有了，沒有什麼反應了。停留在所謂的歡樂狀態，而沒有享樂了。如果我們能夠學習禪修，再去談戀愛的話，就有可能體驗到更深層的一個東西。因為歡樂和享樂兩者即便合一，也是屬於淺層的一種愛。

快樂是一種大腦和思維的感受。我們通常擁有的往往是快樂，而不是喜樂。快樂無法成為喜樂本身。人的快樂是，今天滿足了，明天繼續要滿足，後天繼續要滿足……似乎欲望的滿足成了唯一的快樂本身。但是欲望的滿足成為快樂的話，這個快樂如同喝鹽水止渴，只會越喝越渴。

我們往往把愛跟快樂混淆在一起。不光男女情感，甚至是父母和孩子之間的愛。人帶著求取快樂的心去經營，把愛和快樂混淆在一起，最後快樂會干擾愛，導致更多衝突和矛盾。這些衝突和矛盾的背後，是因為求取快樂造成的。愛，真正的愛，不僅僅是快樂。一定要記住，快樂是你的一種想像，而愛不是想像。愛完全超越想像，所以才成為愛。想像的世界不會存在愛。

喜樂，則不需要經過思維判斷和邏輯。如果只是「喜歡」一個東西，那麼這個東西可能跟生命的內在沒有太大關係，只是一個淺層的認同或者喜愛。但是有些感覺跟生命是完全融合的，這種美妙的感覺跟學習、邏輯、判斷、知識一點關係也沒有。我們稱之為「喜樂」。喜樂是深層的，由內而外。它是人性最完美無瑕、最神聖的一份愛。能成為喜樂的東西是因為它完全地存在。如同禪修時心的安住，無修飾地安住在當下。這種愛是至高無上的，是生命本具的最純然的東西。可以稱之為喜樂。

一旦你得到喜樂，你會感覺到它沒有內外之分，沒有物質限制，沒有時空干擾，一切都在狂喜之中。你能夠純粹地在這種狂喜之中待著。喜樂是最深層的體驗，可以稱之為「樂空不二」。這個空指的是無限，沒有時間和空間的干擾。喜樂不是瞬間幾秒鐘或者幾分鐘就會消失，它一直待在生命裡。此刻，你成為喜樂，喜樂成為你，你和喜樂合二為一。

4

那麼愛是什麼？愛是一種給予。為什麼愛的本質是給予？因為我們想要一份東西，獲得的方式是先給出。把自己生命裡面最想要的東西，全部給予他人。這並不是說對方得到了你想要的東西，而是你在給予的過程之中感知到了它的美好。

把你生命中最想要的東西給別人。如果你生命中最想要的是快樂、幸福，但是你卻從來不想把自己的快樂、幸福給別人，那麼你也許永遠得不到快樂、幸福。因為愛的核心是給予。「給」是唯一獲得的方式。愛是一個「給」的過程，也是一個漸漸收穫的過程。我們每個人內在最大的煩惱和情緒是怎麼產生的？不是因為「給」而產生的，而是因為想要。因為想要，所以不停追求，所以產生憤怒、嫉妒、恐懼。但是你和「要」之間的距離不會縮短。縮短的唯一方式是「給」。一旦有「給」，你和「要」之間便緊密聯繫在一起。那個時候，你才能夠完全得到想要的東西。

你給予煩惱的時候，讓別人生氣的時候，一定要記住，此刻擁有煩惱，正是因為你在給煩惱。你給愛的時候，是愛的擁有者，有沒有愛不是對方說了算，是你說了算。全然地給予和愛了之後，這個接受的人是你快樂的祝願。這個人把你的房子燒了，把你的妻子賣了，你不會因此產生情緒。為什麼？因為你對他不再有要求。一定要記住，現實生活當中，你和所有人之間的問題，都來自於對他人有要求，而不是給予。完全給予的時候，才有理解和包容。生命全然交出的那一刻，你們之間有一個神祕的東西發生。那一刻，最初的體驗是叫做感動，第二個是快樂，第三個是喜樂。這個喜樂為什麼可以得到？那一刻你完全粉碎所有的自己，粉碎強大的自我。那一刻你瞭解到深層的喜樂體驗。

愛的祕密之中，還有全然的自由。我們原來對這個世界是有要求、有期待、有苛求的，有一些紛爭在，即便是你和孩子的愛裡面，也有一些要求和被要求，你和丈夫之間的情愛當中，有要求和被要求，親情也如此。你一旦有了模式，生命便是在局限裡，有條條框框，不是自由的狀態，而是條件性地依附。依他，就不自在。但是真愛的世界裡沒有要求，沒有標準，只有他們的幸福、快樂。他們的幸福、快樂成為你的愛了，所以它是祕密的部分。你擁有了愛，才成為真正富貴的生命。沒有愛的人永遠不會有富貴的生命。什麼叫做富貴？富是不再缺東西了，貴是你不再要東西了。

在這個世間的所有「獲得」當中，最究竟的是得到了愛。沒有得到愛，即便得到了成千上萬個東西，還會有成千上萬個沒有得到的東西。得到了愛，就得到了所有。

愛是生命之王。得到愛的人不再孤獨，不再饑渴，不再掙扎。他全然地放鬆，全然的自在。愛既是一種方法，也是一種結果。愛是至高無上的方法，一旦有了愛之後，所有的問題都可以解決。能夠治萬惡的疾病，能夠把缺失瞬間融化。在愛的世界裡，沒有缺失，沒有不足，沒有不善。既沒有傷害和被傷害，也沒有黑暗。

愛也是生命當中的仙丹妙藥。能夠治身體的病，也能夠治心靈的病。我建議大家一定用愛的藥來養育自己。現實生活當中吃的任何一種藥，三分是毒，七分是藥，是有副作用的。世界上沒有任何毒性的藥，是愛。所以用愛來對治生命的疾病和煩惱，是一個妙藥。

我們既是問題的製造者，也是解決問題的專家。但是有限的生命裡，充滿無數問題的組合。解決了一萬個問題，還有一萬個問題繼續要解決。你的人生是什麼？一個問題出現，一個問題解決，一個問題出現……始終是解決問題的過程。但是永恆解決問題的唯一方式，就是愛。

5

愛包含給予，也包含接納。接納更有挑戰性。對我們而言，最難的不是給予，是接納。肉體生命的存在，有生老病死。人生在世，有這樣那樣的不適和人體本身的痛苦。我往往愛用死亡來舉例。我們沒有一個人是喜歡死亡本身的，我們對它拒絕，想到死亡就會感覺痛苦、恐懼。死亡真的來臨時，死亡本身不是我們的問題，對死亡的拒絕才是問題核心所在。

接納是什麼意思？接納意味著允許存在。允許存在是什麼？是在生命裡樹立了更深層的空間。「允許存在」是非常重要的一個課題。所有的煩惱都是因為不允許發生而產生。不是因為問題本身的發生，而是因為我們對問題本身的拒絕和不允許。所以對一個人來講，最大的痛苦不是痛苦本身，而是對痛苦的拒絕。其實生活當中很多問題，都不是問題。但是在生活當中拒絕問題，拒絕才成了真正的問題。現實生活當中，我們也許有九成的力量在對抗對煩惱的不接納，一成在解決煩惱本身。因為拒絕，問題變成了成千上萬個有力量的東西。如果能夠接納，它會因此融化，沒有力量。

接納不僅是允許存在，而且是在存在的過程當中，不去對它進行阻礙。允許存在的時候，它不再是你的干擾。學習接納，使你能夠知道內心世界的無限，而不是局限。如果我們活在二元對立的世界，那是一個強大的自我世界，會讓我們活在局限和模式之中。但是在「接納」裡沒有局限和模式。

和一個無限的空間在一起，這是接納的學習。此刻最大的收穫者不是別人，而是自己。接納，會讓你體會到無限的生命，心如同虛空。在虛空裡面允許存在地球，存在人類，存在植物、動物，很多很多，但是這些存在沒有影響虛空本身。他們在自己的範疇裡。所以接納之後，沒有干擾到你的生命本身，只是讓你的生命在更寬闊、更無限的狀態裡待著。

拒絕是一切痛苦的製造者。傷害裡面最大的傷害是什麼？也是拒絕。拒絕也是所謂的拋棄。最大的痛苦是拒絕，最大的傷害是拋棄和拒絕。你接納的一刻，不在痛苦裡，不在拒絕裡，安然在生命無限的自由裡，這讓你變得放鬆。我們沒有人喜歡煩惱，但是也沒有人懂得消除煩惱。消除煩惱最好的方式是什麼？接納煩惱本身。

若想真正地摧毀煩惱，就需要接納煩惱。煩惱不再受到時空的影響，完全如如不動。煩惱不再是個煩惱。在我們安然接納世界的時候，憤怒、嫉妒一點力氣也沒有，完全融化在裡面。

白天陽光下，再好的燭光也顯示不出火花的亮麗。但是把燭光帶到黑暗之中，可以照亮所有東西。一樣的道理，你把愛期待在別人的身上，如同我們在陽光下拿著燭光奔跑，對你沒有產生影響，不會有改變。在生命的世界當中，這個愛應該如同黑暗裡的燭光一樣。

究竟的解脫是因為愛才獲得的。什麼叫做解脫？解脫就是獲得自由。愛就是解脫，愛就是自由。除了愛之外，沒有再好的解脫。愛是一種方法，也是結果。愛是慈悲，也是智慧。現實生活當中缺愛的人，渴望愛的人，對愛有感覺的人，首先必須要去思考，到底什麼是愛，為什麼需要愛，為什麼要知道該如何去愛。不去思考，你的一生與愛是無緣的。思考是一個給予答案的方式。

你的快樂不在名牌衣服上，不在昂貴的車上，不在溫暖舒適的房間，也不在英俊帥氣的男人身上，不在漂亮溫柔的女人身上。你要瞭解了這個，才能瞭解什麼是愛。你不能忘記人生的目的，不管是有信仰者還是無信仰者，喜樂一定在愛的世界裡。喜樂隱藏在愛與慈悲裡。對愛的瞭解意味著喜樂，也意味著對生活的瞭解，對宗教的瞭解。你不瞭解愛，瞭解再多所謂高尚的宗教，高尚的生活，喜樂照樣背道而馳。

6

為什麼我們要去瞭解愛？為什麼我們要去感受愛？因為很多人都是不自由、不自在的。我們的存在是一種被動的狀態。男朋友的被動、工作的被動、社會的被動……在這種被動的狀態裡面活著，而沒有在自由當中活著。不管是男女的愛，還是家庭的愛，親情的愛，都是在這樣一種被動裡。當我們真正對愛有瞭解之後，就不會在被動當中活著。要活在一種生命的自由裡。愛就是自由。

處理情緒、煩惱、問題的方式有成千上萬種。有宗教式的處理方式，民族文化式的處理方式，但不管哪一種，最神聖的處理方式只是真正的愛。它讓你變得自由，變得自在。在禪修當中，即是說一個妄念解決了。一個妄念的存在意味著什麼？有成千上萬個妄念在一起。一個問題的存在意味著什麼？有成千上萬個問題在一起。但是愛裡面沒有問題。沒有問題的原因是，愛沒有不允許。沒有不允許，就沒有問題。

愛不是一個宗教儀式，不是一種信仰，也不是一種文化。愛純粹是生命本身原有的東西。愛是人類永恆的主題，所有宗教的靈魂，更是所有快樂和美德的源泉。一個人失去愛的時候，幸福與快樂因此消失。一個人擁有愛的時候，幸福快樂因此存在。愛是生命力。愛是一種方法。處理問題的時候一定要用愛去處理，才能夠處理得徹底。愛的處理是從根上去處理，所以愛是最高尚的方便。

除了愛之外，沒有所謂的方便之說。佛教當中最高尚的方便法就是愛。

瑜伽

你的生命融入到喜樂中，
喜樂融入到你的生命中，
你和喜樂合二為一。
你體驗到的是如同色和空的關係，
空和色的關係。
這是樂空不二的體驗的修法。

1

瑜伽是一個古老的練習方式，據我所知它的起源沒有一個確切的時間記載。但也有不同的說法，有人說一萬年前就有，有人說六、七千年前開始，有人說三、四千年前開始。這個瑜伽不是一般簡簡單單的瑜伽，和我們現在社會共同認為的瑜伽也有很大差距，後者除了動作之外，沒有別的理論，既沒有哲學，也沒有見地，更沒有信仰，只不過講述一些動作的部分。但我們現在所提到的瑜伽，是信仰、見地、哲學、修法與身體的動態連在一起的一種學習。

「瑜伽」是特殊的詞，是合一的意思。瑜伽在藏文當中叫做NELJOR。NEL指的是一切萬事萬物本來如是的狀態，如同是空。空是什麼？空是事物的本性，是萬事萬物存在的狀態。JOR指的是無常，是萬事萬物存在的過程。NEL和JOR，一個如同是空的象徵，一個如同是無常的象徵，兩者指的是原本的狀態和體現出來的狀態。因此，瑜伽指的是每個人回歸到本來如是的狀態。

密法當中，「瑜伽」這個詞處處都有。阿德瑜伽叫做大圓滿法，摩訶瑜伽與阿納瑜伽，指的是生起次第和圓滿次第。還有格若瑜伽，叫做上師相印法。在傳統當中，不管修哪種瑜伽、阿德瑜伽，阿納瑜伽、還是摩訶瑜伽，格若瑜伽都貫穿其中。但即便是簡單的格若瑜伽，修法也十分複雜，有外在的、內在的、祕密的分類。外在的上師瑜伽是三種恩德，三恩根本上師，包括了哪三個恩？是一個人給你傳授傳承、灌頂、竅訣。內在的上師是你的覺察和安住。祕密的上師是你本來清淨的自性，我們叫做本具圓滿的佛心。

這意味著什麼？我們現在透過外在上師來瞭解內在的覺察和安住，先接受一些傳承，再接受深層的竅訣，技術性的東西，才知道怎麼去安住，怎麼去覺察。覺察和安住是培養內在的清淨心，之後再融入自性光明。它們是相輔相成的修練方式。

瑜伽既有純觀想式的修練，純動作式的修練，也有純氣脈明點的修練，但是傳統密法當中最神聖、最祕密的瑜伽，是無上密法，這個修練純粹以氣脈明點為核心。傳統的藏傳佛教，不管是父續的無上密法，母續的無上密法，還是子續的無上密法，核心的修練就是氣、脈、明點為主。大圓滿瑜伽是一個非常特殊的訓練，既不需要動作，也不需要觀想，更不需要修氣脈明點，純粹是透過上師的竅訣和自己虔誠的心，讓自己的心和上師的心彼此心心相印，以此領悟本具圓滿的如來自性。我們叫做本初佛普賢王，是法身佛的領悟方式的修練。

無上密法修練的核心是氣和脈輪的修練。怎麼去修？人的肉體是個脈的網路，處處充滿脈和神經，有粗的脈輪和細的脈輪。粗的脈輪裡面有血液和一些液體經過。細的脈輪只有能量經過。氣脈明點核心的修練方式，基礎的修練是拙火，學習寶瓶氣等各種呼吸的方式，有六種、七種、八種等不同的修法方式，這裡不方便一一講解。三脈五輪，三脈指的是中脈和左脈、右脈，五輪是頂輪、喉輪、心輪、丹田輪和海底輪。在拙火的練習中，核心的脈輪是中脈。在傳統當中，中脈是我們智慧的能量流蕩的地方，但對普通人而言，中脈的存在如同無用。往往能量流蕩在左脈和右脈當中，而左脈和右脈可以稱之為情緒的脈輪。這是貪嗔癡的脈輪之說。

我們訓練的時候，要練習拙火的訓練，練習以寶瓶氣為基礎的各種各樣氣的訓練，通達脈輪，以中國傳統所說是通達經絡。怎麼去通達呢？對一般普通的凡人而言，中脈這樣待著，沒有作用。但是我們練習的時候，會把氣流流蕩在中脈裡面，使它變成清淨智慧的能量。練習的過程當中，打開心輪的中脈。心輪上方的白菩提，下方的紅菩提，融合在中脈的核心裡。在此過程當中體會到樂空不二，感受到喜樂的十六種體驗方式。

無上密法的瑜伽，叫做轉變道，俗稱貪婪為道的修法。如同一個智者用好所謂的毒，毒能夠治療很多疾病。貪也能夠治癒很多東西。對於貪和煩惱，不是骯髒地去看待它們。貪運用在修法裡，本身就是一股能量。很小的貪只貪自己，只愛自己，但是這個貪再擴大，可以轉變，慢慢轉變成愛天下眾生的力量。一個非常深的貪欲滿足之後，這個滿足接近或者感悟了空性，就可以稱之為「樂空不二」。

2

人們往往認為喜樂來自於對方，來自於別人，我們所謂的占有、欲望、貪婪因此而起。我們把金錢、女人、外在的東西當作喜樂。但是一定要記住，我們內心真正的喜樂絕不是因為金錢、女人所產生。它們不是喜樂，喜樂是你自己。你占有外在的東西，有一種快樂的感覺。快樂是感受的一個反應，這個感受來自於大腦，是大腦的產品。喜樂不是感受，它是生命本身。感受層面的快樂不是喜樂，但是可以稱之為樂，背後攜帶著一個苦的基因。它是痛苦的根。

什麼時候沒有感受，就沒有所謂的痛苦。感受是所有痛苦的根源。人迷失在這裡之後，即便經歷多少次經驗也不會滿足，如同在一個黑洞裡打滾。感受是大腦意識，即小我所產生的東西，是二元分別、對立、執著、妄想所產生的產品，不是生命內在的東西。所謂的快樂是感受，喜樂是超越感受。喜樂因為超越感受，所以不會產生任何的痛苦。

快樂往往成為痛苦的元素。多半我們認為的那個快樂，在生活當中帶來的其實是痛苦。快樂的時候，是你認為快樂還是你真的快樂？多半是因為自己認為在快樂，所以這個快樂本身是一個想像，是一個認同的建立。這個認同的建立是情緒的反映。但這些對我們而言有時卻顯得非常重要，大家會為了它而生存，而追求。現在我們以生命更深層的探索來討論快樂與幸福，也許我們原來通常認為的快樂，跟快樂本身沒有任何關係。所謂的快樂只是認為的快樂。

如同生活當中愛的人，覺得跟這個人在一起是快樂的，跟那個人在一起是不快樂的，但這個快樂並不是因為對方的人而產生，而是因為自己的認同而產生。你認為的這個快樂，本身是矛盾的，不真實的。因此，今天所依賴的人可能明天就會成為讓你痛苦的元素。在情感上依賴的這個人，你相信他們帶給你快樂，但是最後這些情感往往帶給你傷害，不管是間接的還是直接的。

你什麼時候不再認為它帶給你快樂，它就傷害不了你了。但如果這樣，人是不是變成了一塊石頭？不是，你的自我被摧毀在大千世界裡，你成為了世界，世界成為了你。現在我們不是在給一個答案，只是給一個思考。

喜樂是本具於生命本身的，不需要去外在的世界尋找，也不需要物質來填滿。內在的喜樂，本來就是滿的狀態。按這個意義來講，喜樂不是修來的，也不是學來的，喜樂是你自己本身，是內在最神祕、最奧妙的存在。喜樂是非常祕密的。為什麼呢？很多人沒有辦法抵達這個地方，所以稱為祕密。喜樂沒有辦法用語言來表達清楚。很多人無法瞭解，甚至無法相信。它成了生命中最神祕的東西。

喜樂，有時如同兩個人剛剛初戀，也許是連身體觸碰也沒有發生的時候，但是某一天他們之間的距離很近很近，彼此的呼吸能夠聽到，那一刻你有一種無比的喜樂狀態。那一刻你的大腦停止了，只有對方的存在。不管是你多大年齡，你的年齡消失了，身上的身分、標籤也全部消失，只是安靜地感受對方的呼吸。呼吸是離生命最近的。這是我們在現實生活當中，體會到的一種超越快樂的喜樂。

快樂是一定會厭倦的。比如說喝酒是快樂的，天天二十四個小時喝酒，肯定也會厭倦。任何欲望都一樣。舒服本身攜帶著痛苦。如果我們不瞭解深層生命最神祕的部分，不去探索，不去修練，最極密的氣脈明點沒有辦法掌握，肉體最極密的東西無法打開。因此，最神祕的部分必須要瞭解氣脈明點。這些瞭解是讓我們的喜樂、自在可以延續，不是一種瞬間的體驗，而是一種長久的體驗。完完全全安住在它裡面，如如不動地待著。

人因為情感的欲望，對快樂的欲望，有傷害和被傷害、占有和被占有、虐待與被虐待的各種方式，成千上萬個煩惱由此而起。如果在現實生活當中，一個人不搞定自己的欲望，就永遠不會搞定自己本身。佛經裡面有一句話說，捆綁生命，綁得最深的是哪個東西？占領生命，最厲害的是誰？是你的欲望，也就是貪婪。如果能夠摧毀貪婪，解脫貪的捆綁，這才是究竟。有人一輩子也解不開，男人和女人都差不多。生活在都市的人，這個困擾比過去的人更深，因為時代變了，文化變了，表達的方式更直接，反而帶給人的困惑也更直接。所以練習瑜伽有深的含義。

我們所談論的瑜伽，不光是要領悟愛，更要領悟慈悲，還要領悟菩提。愛是一般的人所有的，慈悲是菩薩或者聖人所有，菩提是大徹大悟者才能領悟和體會到的。

這個練習過程當中，要解決三個問題。一個是生，一個是死，一個是中陰。對一個人來講，現實生活當中，擺在面前的就是這三個問題。這個無上密法修行的核心，是生、死、中陰，也是氣的練習，脈的練習，明點的練習。氣的練習是生，脈的練習是死，明點的練習是中陰。而基於三身佛的修練來說，生為化身，死為報身，中陰是法身，這是三身的修練。氣的修練可以稱之為化身，脈的修練為報身，明點的修練為法身。解決之後體現的是三身之佛。最後體會為樂空不二的境界。

3

喜馬拉雅象雄瑜伽的修練，既包括了動態瑜伽的修練，也包括了有觀修瑜伽的修練，以及非觀修瑜伽的修練。我借用古老傳統裡自己覺得相對簡單和容易的內容，讓現代的時尚的人，也能夠學到一些傳統的古老的精華，在忙碌的現實生活當中可以體驗。喜馬拉雅象雄瑜伽的訓練包括：魯雄瑜伽、洛雄瑜伽、扎龍瑜伽、拙火瑜伽、大樂禪定瑜伽、日巴瑜伽、赤覺瑜伽、腹內瑜伽、格若瑜伽。這是我自己的方式。第一步是身心不二的部分，第二步是氣心不二的部分，第三步是色心不二的部分。

身心不二，一般是帶著動作去練習。禪宗當中稱之為動禪。只要有個覺察的心，帶著動作去練習就可以，不需要太多複雜的動作，不需要任何複雜的觀想。沒有太多的氣和觀想的要求，但要求身體和心的感受。用心靈去感受身體，用身體來感受心靈。它最主要是動作部分。

魯雄瑜伽是一個基礎的訓練方式，一個人養好身體之後，體驗一杯茶都會有很深的體會。心和身的分離是現在都市生活中所存在的嚴重問題。心的因素帶來身的不健康，身的原因帶來心理的不健康。人與人近距離的時候，也是拿著手機各自說話。亞健康的人，心理壓抑的人，練習魯雄瑜伽可以幫助身心健康。它是為了解決情緒問題的一些疏通，身體的一些疏通。這是一個解決辦法。

氣心不二，有更深層的含義在裡面，就是轉入到正能量的範疇。不光是身和心的反映，更講究能量的反映。密乘佛教的核心講的就是能量。宇宙本身的存在，也是種種能量和合而產生，生命也是因為能量和合而成。佛教往往說的是五大和合而成的能量，既有外在能量，也有內在能量和祕密能量之說。外在能量指的是星球與星球之間的距離，相互的感應，甚至是一年的春夏秋冬，人體的衰老和滄桑，生老病死的反應。內在的能量是一個人的五大和合能量聚集在一起。還有祕密能量，指的是人的情緒反應。還有極密極密的能量。

能量，既有正面能量，也有負面能量。最粗淺的，我們所看到的是氣。一般我們心裡很壓抑的時候，發出的氣是悶氣，我們憤怒的時候叫生氣，不同的情緒發出不同的氣息。你的氣和心是相輔相成的連結，也有更深層的連結。氣和心的關係與身和心的關係相比較，氣和心更密切一些，它們之間有更祕密的連結。我們古老傳統的一些呼吸法，也叫做能量的練習方式，練習如何排出內在的負面能量，我們叫做濁氣。這個修練是神祕的，涉及內心更深層的部分。內在的內能，我們叫做白菩提和紅菩提。再往下講，會提到智慧氣、煩惱氣。它是非常祕密的範疇。講述和學習也非常嚴格。

色心不二，超越了主體和客體，更超越了二元對立。我們叫做內心的心靈世界和外在的萬物世界，沒有兩個，只有一個。它講的是入定，或者是真正的證悟境界。它沒有太多修練本身。這純粹是我的分類，這個分類也許合適，也許不合適，完全是我的想像。如果按照這個分類，一個人在練的過程當中，比如說日巴瑜伽，也可以沒有任何實際的練習。它是一個狀態，原來的如實的狀態。它超越了修練，超越了思索。還有其他的瑜伽類似這樣，是很深層的部分。這些都是非常深的修法方式，如果有緣的人或者感興趣的人，可請教一些具格上師，這是極密的範疇。

藏傳佛教最出名的大圓滿，真正講的就是色心不二。傳統佛教當中，往往會有色空不二的說法。色是空的顯現，空就是色本身的狀態。空，簡單來講就是允許發生；色，就是證明了允許發生。它們講的是一個東西，而不是兩個東西。但是人講空的時候，往往脫離了色，講色的時候脫離了空。實際上它們是一個事物的兩面。空是色的內部，色是空的外部，它們是相輔相成的。我們所看到的這個空間，和這個空間裡的光有什麼區別？光在的地方肯定有空間在。虛空當中看到的這個空間和光是合一的。對一個人來講，除了心之外沒有第二個景象存在，色的存在。人的心靈所讀到的空間和動物所讀到的空間是不一樣的，很多動物的世界是沒有色彩的，但是你的這個所謂的色彩是來自於哪裡呢？所有的色彩都是你心的產物。

講解色心不二，不是站在邏輯和哲學層面來講解，是從更深層的心靈感悟和體驗層面來講解，完全超越所謂的語言和文字。什麼叫做色心不二呢？色心不二的時候，沒有任何特定的禪修方式，也沒有任何特定的儀式，也沒有任何特定的動作。它只講究你內心的感悟和體驗。那怎麼去體驗？先安住在這個虛空當中，雙目盯在虛空，雙目所盯住的這個虛空和內在的心沒有辦法真真正正地區分。所看到的這個虛空就是心，心就是所看到的這個外在的虛空。心和它之間沒有所謂的內外關係。這就是你的心的反映。

那個時候你的心和這個空間完全在一個平面裡，是合一的狀態。合一的狀態是什麼？心安住的狀態，不管是外在的虛空的空間，還是內在的本身空間，這兩個空間沒有任何區分，完全是在一體。「有」是唯一瞭解和證明「無」的方式，「無」是唯一瞭解和證明「有」的方式。因為無中有了有，有中有了無，所以它們就是一個。但在分別和相對意義上來講，它們兩個是矛盾的。我們如同是一個入定者，一個禪修者，雙目定在虛空當中，那一刻非常清楚而明亮，是色的反應。心沒有別的妄念干擾，能夠安住在裡面，可以稱之為心。那它們兩個可以稱之為「色心不二」。除了明亮之外還有心嗎？沒有心。除了心之外還有沒有明亮呢？沒有明亮。

這些修練本身，千百年來，偉大的成就者們用過。在這些用的過程當中，他們發覺了身體更深層的祕密。所以目前人類文明也許還沒有探索清楚我們身體本身。科技再發達也罷，不用說宇宙本身，目前人類連生命本身也沒有完全講清楚。肉體是各種能量的組合，練的過程當中，它幫助身體恢復健康。動的過程當中，也是一個解悶的過程，是身心放鬆的一個過程。因為它可以拉開神經、脈輪，甚至呼吸也會暢通得更到位。這些是自古以來無數的修練者用來平和身心的方式。現實生活當中的人來練習，會有一個出口，不再依賴於藥物、喝酒、抽菸。他透過這樣的方式來對身心平衡發揮作用。

我借用古老的藏傳佛教瑜伽練習，還有喜馬拉雅象雄瑜伽古老的傳統，結合了我自己曾經學的密法裡面的瑜伽。持庫、扎龍瑜伽，再是氣脈明點的日巴瑜伽等等，是有很深的內容，比如說日巴瑜伽，沒有什麼具體要練的東西，只是當下的覺知。魯雄瑜伽是基礎的動作模式，是身體訓練，和能量沒有關係。先排出身體內在的濁氣，再精通身體的一些脈輪和經絡，這是它至關重要的事情。同時它逐漸培養出覺知的心，並且對腰椎、頸椎、失眠、腸胃失調、消化不良、心口悶、背痛、疲乏……都有幫助。

魯雄瑜伽，我準備了二十五個動作。這些動作並不是我創造的，它們屬於古老的傳統。我從自己所學的「那若六法」和「內格六法」，包括時輪金剛、雍仲苯的母續金剛、勝樂瑜伽、阿赤大圓滿瑜伽、竹青瑜伽裡面，選出二十五個動作，與適合於現代人的動作相結合，包括五種呼吸方式，五種坐的方式，五種站的方式，五種躺的方式，五種趴的方式，這樣的一個修練組合。

這樣的動作對我們有什麼幫助？讓已經壞死的脈輪復活，把即將要扭曲的一些脈和經絡拉開或者暢通。你內在堵死的血液，可以疏通。新時代的人可以練習這個，魯雄瑜伽不需要有信仰，沒有任何帶著宗教意識的成分。動的方式是疏通內在情緒。讓心能夠平靜下來，帶來身心平和。心能夠感受到身的存在，身感受到心的存在。它們是相輔相成的，是一種連結方式。

動作和覺察要連在一起。慢慢做完了動作之後，要覺察這個動作。所以修練過程當中，最核心的是動作本身以及對動作的覺察。對動作的覺察，慢慢能夠帶到你的生活中去，讓你覺察你的言語、行為、思考。你不會再犯同樣的錯誤。我們犯的錯誤往往是習慣性的錯誤，不斷重複、掙扎。比如說心胸的狹窄，各種情緒曾經傷害過你，此刻也傷害著你，將來還會傷害你。覺察到這個，就能夠消除生命所經受的傷害。覺察的時候，它成了真正的身心禪修，一種動禪。

真正在藏傳佛教當中所謂的瑜伽，是對我們自性圓滿的一種認識方式。自性圓滿的認識方式，也是讓我們不清淨的心回到清淨的方式，是讓我們體會化身、報身、法身三身之佛的方式。不是在心外追求某個佛，而是完全的本具圓滿的三身之佛的體驗方式。瑜伽有很深的觀想。這樣的觀想是瞭解內在清淨的一種方式。它包含內在的清淨觀的修練和本具圓滿的修練。

金剛舞赤覺劍法

在真正摧毀內心的敵人之後，
你找到一個安全的地方，
在一個和平的世界裡待著。
這個和平不需要任何造作，
是生命純然的放鬆與和平。

1

在佛教中，既有轉變道，也有解脫道。所謂的轉變道，不是說放下，而是如何去用它。解脫道則是你如何去明白它。比如一個人拿了海洛因在手裡，他周邊的人包括自己都在告訴他，這是毒，一定要放下，它會害你，於是他竭盡全力放下它。但要放下的那個「它」，不僅是外面長出來，而是從裡面生發出來的，是在你自己的土壤裡面長出來的。你放下的是果，不是根。我們大多數時候看到的都只是果，不是根。如同一棵樹，最後長出果的時候，意味著它完全成熟，把該表達的全部都表達出來。我們看到它長出果，但不知道這棵樹從哪裡來。所以，要解決它的根，它的源頭。

所謂毒藥，會有別人說這是好東西。如果你知道如何利用，有技術，有配方，它就可以被提煉出完美的力量，可以救很多人的命，這是密宗轉變道的說法。我們不是放下它，而是拿起來用它。若好好運用，它會成為一個更有力量的東西，因為毒本身是力量的象徵。這個力量能夠轉變你的缺失，增加你的速度。原先你一分鐘只能跑十步的路程，這個理論借用之後，你也許一分鐘可以跑二十步，縮短了走到目的地的時間。

簡單來講，密法所說是如何去用。大圓滿或者大手印，是你完全明白了它的根和全部之後，不再怕它，知道怎麼去管理、去處理。即便天天彼此在一起也不會緊張，因為你解脫了它可能帶來的威脅和傷害，你完全清楚。大乘是怎麼把我們內在的情緒和煩惱放下，密乘是如何利用煩惱來轉化為正能量，大圓滿是如何去明白煩惱本身也是自性光明的一種反射。再僵硬的冰塊也從來沒有分離過水本身，只是在某一個時間和時空的干擾之下，沒有展現出真正本來水的樣子。但是冰塊從來沒有離開過它的本性的水，所以冰塊本身就是水。我們明白了煩惱之後，就可以明白自己本身。

赤覺劍法的見地來自於密法理論。它並不是完全出自傳統，我個人綜合了密宗的金剛舞，誅法和誅殺的原理，動禪的原理，把它使用在現實生活當中，成為一個摧毀我們的煩惱的方式。真正的煩惱的改變，不是等待中改變，而是去真實面對，接近它是唯一的改變方式。我們往往希望以時間和空間來磨滅煩惱，但這意味著什麼？其實你不過是把內心的情緒隱藏起來而已。它的根沒有取出來。赤覺劍法能使你毫無造作地把內在的情緒以最純然、最原本的方式釋放出來。而你原本的動機是愛與慈悲。

我小時候經歷過金剛舞，在練的時候，他們會告訴我，應該要有一些觀想，一些儀軌。當時，我沒有完全明白這個觀想的核心在哪裡，這個儀軌的目的在哪裡，就是依照去做。密法的核心是以煩惱為道。煩惱也有三毒和五毒之說。我們說煩惱是什麼呢？貪嗔癡慢疑，是謂五毒。有時候我們說三毒，貪嗔癡。密法裡面更多以這三種修法為道。怎麼利用好你的煩惱、昏沉、貪婪，是密宗一個方便道的修練方式。貪嗔癡的方便道，指的是如何妙用一切煩惱。本來煩惱是帶來情緒、痛苦、災難的一股能量，但經過我們妙用，它會轉變為內在的覺知，內在的慈悲，內在的安住，成為正能量的一個元素。這是所謂的妙用。

密宗常提到方便與智慧的不二，這裡的方便指的是慈悲，智慧指的是了知或者證悟空性的真理。它們兩個不二的時候，認知空性的智慧裡面充滿著慈悲的能量。你擁有慈悲的時候，也不離開證悟空性的真理的範疇，它們相輔相成地存在，稱之為方便與智慧的不二。但它難以用語言闡釋清楚，因此是祕密的範疇，是長期打坐、長期修練的人才能夠感悟的一個狀態，是密法的祕密核心。

樂空不二的練習告訴我們的，是我們肉身如果得到更多的進化，就能夠承載更多的快樂。現在我們說方便與智慧不二的修練，則可以讓人體進化到非常深的部分，就可以二十四個小時在喜樂中待著。

我們的肉體可以承載成千上萬的問題、煩惱、痛苦。有了白血病或者癌症的人可以在醫院裡面扛著，扛一百天，扛一年，甚至更多時間，但是你對你的喜樂，最初的一個反應卻是幾秒鐘都待不住。你待不住的狀態叫做罪惡。密法裡面講，心不是罪惡，你承載不了喜樂才是罪惡。你喜樂之時，完全降服所有的情緒，在一種滿足的世界裡。那喜樂是什麼？喜樂是我們自己本身。你喜樂的對象是什麼？對男人來講，女人是喜樂的通道，對女人來講，男人是喜樂的通道，彼此絕不是喜樂本身。但是在現實生活當中，很多人把女人當作喜樂本身，男人把女人當作喜樂本身，這是錯誤的。因為這個原因，你在遊戲一開始就犯了錯誤。

剛才講到方便與智慧不二。現在的原理是，一個是貪婪為道，一個是憤怒為道，一個是愚蠢和昏沉為道的修練方式。那簡單說，貪婪為道的修練是什麼樣的，憤怒為道的修練是什麼樣的，昏沉為道的修練是什麼樣的？密宗很多本尊的儀軌當中，有個叫做薈供的說法。薈供的目的是學習資糧的問題。資糧有福德資糧和智慧資糧之說。誅法是一個特殊的訓練，觀想如何砍斷所有敵人。誅殺的目的是什麼？能夠利益一切眾生。誅殺的對象是什麼呢？你內在的幻想、執著、分別、無明，都要砍斷。砍斷到什麼樣的程度？摧毀在明空不二之中，摧毀在空性，這才是真正的誅殺和摧毀。

你的自我摧毀在根本清淨裡，把你的執著、夢幻、造作、憤怒、無明、情緒等所有煩惱，摧毀在自性清淨和自性光明或者本具空性之中。你摧毀了真正要摧毀的東西。摧毀的方法在密法當中非常之多，因為密法本身的存在是方便之道。其中，我們可以使用赤覺劍法來斬斷煩惱。

2

赤覺劍法是誅法的一種方式。所有密法當中都有這樣的修法，比如說大威德金剛、普爾巴金剛、馬頭金剛、母續金剛。在我們一些傳承當中，也都有這個誅法的修法，把嗔用來修道。有的是透過修壇城的方式，有的是修儀軌的方式。

貪嗔癡慢疑，五毒煩惱，我們分成清淨五毒和非清淨五毒。這個說法只存在於密宗。有一種貪婪不能有，有一種貪婪可以有。可以有的貪婪是什麼？就是你不放棄所有眾生的煩惱的這種愛和慈悲，可以有。這是我們叫做清淨五毒當中的貪。還有傲慢，修本尊的時候自己和這個本尊不二的那個傲慢的心，我的身口意就是本尊，除了我之外沒有本尊，我就是本尊，那種傲慢可以有。而能夠誅殺一切眾生的敵人的那種憤怒、嗔恨，也是屬於清淨五毒。這是赤覺劍法見地的基礎。

我們每個人或多或少都有內在情緒。不滿的情緒其實是一種嗔恚。員工對老闆不滿，老闆對員工不滿，大長官對小長官不滿，小長官對大長官不滿。總而言之，這個社會有非常深的不滿情緒，感染到每一個人身上。某天這些情緒出來會非常可怕，它是一種傷害。我們所有的戰爭幾乎都是嗔恚帶來的產物，嗔恚在人類社會中破壞力最強烈，帶來的災難是五毒裡面最重的一個。社會矛盾的背後都是不滿，它會以傷害的方式爆發出來。

嗔恚和傲慢背後最大的特點是什麼？是恐懼。為什麼我會嗔恚，生氣，其實是內在擔憂的象徵，我們叫做懦弱。憤怒帶給現實生活的毀壞超過貪婪本身。貪婪大多和占有在一起，憤怒則是和傷害及摧毀在一起。你的憤怒也許會殺死親人、孩子、父母等等，憤怒的干擾非常強大。

我們現在的人有生存的擔憂，有這樣那樣的擔憂，比如情感的擔憂，現在這樣一個時代，似乎沒有一個人相信自己的老公或者太太。這個擔憂是和憤怒連在一起的。那麼憤怒是怎麼起來的？剛開始是擔憂，內心變得脆弱和沒有自信，然後引發了憤怒。這是一股能量，和非常深的破壞力連在一起。假想你的男朋友，或者同事，或者生意場上的對手，或者某一個人，是你能量出口的對象。你把他當作仇人，去摧毀他，這個過程當中最大的受害者不是對面的他，而是你自己。

你失去了生命中所有的放鬆。人必須要放鬆，放鬆之後是生命自在的開始。但是現在的你，生命被綁得緊緊的，像在鋼索上走，這樣的負面能量是具摧毀性的。不滿的情緒沒有辦法出來，壓抑在那裡，卡在那裡，變成焦慮和抑鬱，最後體現在身體上。很多糟糕的疾病會出現，甚至各種腫瘤和其他絕症。

現在假設我們練習赤覺劍法，練劍時你把所有情緒，透過動作、呼吸、想像力清理出來。最主要的是動機。我們叫做慈悲為根，方法為憤怒。這是無比的慈悲之心，目的是摧毀自己和他人真正的所有敵人。因為我們有敵人，得不到安寧，所以，我們將以希望自己和他人能夠得到一個和平而極樂的生活狀態而進行這個練習。先是這個動機，再把所有的憤怒發出來，你毫不猶豫地真真正正砍下敵人的腦袋，砍得越順，內心那份慈悲的力量越強。你也許要砍八萬四千個腦袋，但是每當砍了一個腦袋之後，千萬不要拿回來。如果拿回來，這個腦袋它會有魔力般又變出成千上萬個腦袋。

人生就像一個戰場。打完的方式不是消滅你的親人，消滅你的敵人，消滅你的朋友，不是用這樣的方式來打完這個仗。真正的戰場在你的總部，你要消滅的核心是五個煩惱。我們叫做貪嗔癡慢疑，是五個將軍。這五個將軍之外，還有兩個將軍，是希望和恐懼。希望和恐懼之外，還有一個叫做分別。分別是由所有虛幻的自我而產生的。你恐懼的那一刻，處處都是敵人。這種不安全的心是因你虛幻的自我而產生的。劍法最後的目的是，你不再有恐懼。你不再有恐懼的那一刻，完全戰勝敵人。

你砍斷這些之後，能夠走到極樂世界。極樂世界是什麼？沒有戰爭，沒有饑餓，一個和平的地方。所以在佛教的邏輯體系裡，假設用這個方式來打仗，可以天下無敵。不然的話即便殺了一萬個敵人，也是失敗。總而言之，我們要自我摧毀。自我摧毀的那一刻，讓我們走到一個放鬆的世界裡。我們每個人都渴望幸福，希望擁有一個和平寧靜的生活，清淨自在的生命。但是如果你生命中的那份嗔恚、不滿、恐懼不摧毀，你就沒有辦法得到。

在真正摧毀內心的敵人之後，你找到一個安全的地方，在一個和平的世界裡待著。這個和平不需要任何造作，是生命純然的放鬆與和平。你在世界的任何角落，一定要記住，唯一讓你安全的地方，是安住在自己生命的天堂裡。

現在我們講這個儀式。先調整好呼吸，再進行動作，動作就是三個步驟。一個是劍，一個是動作，一個是呼吸。這三者合一。所有的劍都是在你的身體上走，不是往外刺別人。每一劍刺出去的一刻，動的一刻，不斷地觀想砍斷你的敵人，把所有的情緒、憤怒、不滿的東西放在前方，不斷地砍它。這裡有兩個套路，一個是簡易的套路，一個是相對複雜的套路。一般初學者只學簡易的套路。

簡易的套路內容是引發你的更多情緒，複雜的套路是砍斷所有情緒的更多敵人。砍完之後，安住在明空不二的狀態，把自己摧毀在自性光明裡面，待一會兒，安住一下。

此刻你身體最大的反應是，人很放鬆，氣很暢通，在胸口累積多年的悶氣自然而然以劍法的動作方式清理出來，心裡也有放鬆感。證明你砍斷的是真的恐懼和期待。

3

帶著慈悲去進行這三個步驟。劍法、動作、呼吸往下進行的時候，生命越來越放鬆。這證明了什麼？情緒的力量點燃了內在更多的愛的力量。情緒越多，反而這愛的勁道越大。如同一個小的微渺的燭火，外在的風，外在的萬物，對它來講在某個程度上是障礙，但是我們適當地運用，不管是萬里的森林、柴火，包括風，都在成為它的力量本身。最後在過程當中，森林、木頭，這些物質都成了火的力量，所有的外在力量，包括風的干擾，都成了它的力量。不光成了它的力量，這些存在也都變成了它本身。它們成為一體，沒有任何分隔。

我們練習赤覺劍法，最後剩下了什麼？是充滿無比力量的慈悲與愛。所有情緒在當下變成一種愛的能量，變成了愛本身。缺失愛的人，充滿恐懼的人，在練習的時候，會在生命裡點燃愛的火苗，那個時候我們如同存在於愛的世界。如同佛教所說的八萬四千種不一樣的柴火，這些物質的東西，最後都變成了火；八萬四千種的情緒，統統變成了愛的能量。這是當下的赤覺的力量。

這種劍法，讓你的五毒煩惱摧毀在愛和慈悲的世界裡，五毒煩惱也成了愛本身。它們原來是不可分割的。在我們使用的過程當中，它們開始成為愛的力量，最後變成愛的本身。那一刻你的生命才真正獲得自由。這是赤覺劍法的目的。

參、隨想錄

尋找幸福

我們要尋找的不是另一個時空裡的天堂，
而是心靈深處的天堂。
心靈的天堂時刻和我們在一起。

小的時候，我們如此單純；長大以後，卻習慣了表演。隨時隨地都在角色裡，人前人後為角色奔波，忘了是在演戲，把自己交給這場跟生命毫無關係的鬧劇。自我的習性讓我們活在混沌之中，無法區分真實生命的要求和狹隘自我的欲望。

我們沉迷於感官世界的刺激，失去了生命的重點而不自知。情緒在自我的指揮下肆意出動，陷入煩惱的輪迴而無法自拔。你是否思考過生命和自我的真偽、感官和心靈的虛實呢？

請問問自己：何為幸福？你曾經歷過幸福嗎？然後，閉上眼睛，拋開這個世界，仔細問問你的心：如果不用社會的標準、旁人的評價以及世俗的見解做判斷，幸福會是什麼樣子呢？

我對世俗幸福的定義是：欲望得到適當的滿足。反之，欲望得不到滿足，就成了痛苦。那麼，按照這個推理可以斷定，你我永遠都不可能得到幸福，因為欲望沒有盡頭。滿足了一萬個欲望，不等於滿足了所有的欲望。我們竭盡全力去滿足自己的欲望，仍還有無數的欲望在等待著。

我們永遠無法獲得滿足，為什麼呢？因為我們根本不知道究竟應該去滿足誰！

為了追求幸福我們犧牲了太多，以致很難有機會換一種方式去犧牲或者去追求。

我們用各種方式掩蓋內心的脆弱，用各種理由逃避挫折。遺憾的是：生活的戰場無處可逃。如果我們用一種渴望覺醒的力量去面對生活中的一切，世界將會變得溫馨而和諧，煩惱與傷害將會因此而消失。

外在的財富、酒精和毒品會讓我們暫時忽略痛苦，但不能徹底消除內心的掙扎，也不能讓我們擁有真正的喜樂。物質給我們帶來了便利和富足感，但對它的渴求卻給生命帶來了傷害。這讓我們看起來很強壯，內心深處卻因而沒有力量。物質既不是快樂也不是痛苦，僅僅是一種助緣，它的存在甚至有可能帶來更多的傷害和痛苦。

擁有的越多，擔心失去的恐懼就越多，產生的自我和傲慢也就越多。人們為了擁有付出了太多的代價。也許，生命中從來不會擁有什麼，只是我們一直相信自己是擁有者。

不管是誰幾乎都無法逃離恐懼，強大的自我意識總是擔心被傷害、被遺棄。有自我的地方永遠有恐懼。恐懼彷彿是自我的影子，永遠伴隨著自我。

恐懼產生於自心，當我們無法瞭解它時，整個生命會被它擊垮。我們往往以為恐懼是外在的，一味注重外部起因，卻從不花時間去面對內在的那個原因。我們的生命被期待和恐懼霸占了，我們從來不追問它們的基地在哪裡，也不追究它們帶來什麼後果。你是否想過，煩惱、情緒和憂愁，以及一切的一切，都來自於它們？戰勝它們最有效的方式，是用包容的愛和清淨的智慧去面對。

所有的經歷、經驗和知識都不足以讓我們永遠沒有煩惱，因為歷史再也不會原樣重來，經驗與知識的累積永遠不足夠。這個世上沒有永恆的存在，無常就是永恆，煩惱也是如此。我們既是煩惱的製造者，又是煩惱的熄滅者。幸運的是，連我們自己也不是永恆的。無論是生活還是工作，我們站在強大的自我的立場上，要求一切都走上「我」認同的軌道。自我的消融不僅是個人生命的救贖，也能給他人帶來祥和。

當我們走過一程再回首眺望的時候，你會發現，順境對於我們並沒有太深刻的意義，相反，不管你是否曾經悲傷、被傷害甚至被拋棄，所有的苦難都讓我們成長。我們

往往試圖遠離錯誤和痛苦，因為我們視其為負面的事物。這種想法讓我們無法從錯誤和痛苦中吸取教訓，從而失去了認識錯誤和痛苦的機會。

我們忘記了一個事實：那就是錯誤和痛苦與其他事情一樣，也不是一成不變的。如果你接納，敢於承擔和面對，一切都有可能峰迴路轉。

出於人的本性，在痛苦時我們想擺脫痛苦，而這種想法卻額外增加了痛苦。對於快樂也是如此，我們希望保持快樂，而這些想法卻使我們離開了快樂。一方面想擺脫痛苦，另一方面又想保持快樂，這些欲望都會導致痛苦。痛苦和快樂相互依存，快樂包含了痛苦的種子，痛苦也包含了快樂的種子。

如果我們觀察痛苦和快樂的感覺，就能認識到它們是可以相互轉換的。痛苦中可以產生快樂，快樂中也會產生痛苦。

快樂和痛苦都是我們思想的產物。我們培養快樂的想法，就會感受到快樂；我們認為萬事皆痛苦，就會經歷痛苦。因此，當我們處在快樂和痛苦的時侯都需覺醒，這一切只不過是自心的遊戲。痛苦和煩惱的製造者不是別人，而是我們自己，但我們並不知道自己是始作俑者，所以我們迷失在裡面。

我執是只站在自己的角度上觀察所有存在，只考慮到自己的觀點而非別人的觀點，

結果就導致對個人理念的執著，卻無法反映自然的狀態。這種成見只表明強烈的自我意識，將自己與他人分離。

自我的核心是什麼？自我真的存在嗎？所有的情緒都是自我的產物，當我們認為自我真實存在時，就產生了種種情緒。去掉一萬個情緒不等於去掉了所有情緒；去掉了對自我的執著，才是去掉了所有的情緒。強烈的我執是一種不平衡的情緒，阻止和破壞了我們內心的平靜，使我們無法獲得真正的快樂。如果快樂是由於強烈的自我執著而產生的，那麼快樂產生的同時就已經種下了下一刻痛苦的種子。

人的生命裡有兩類事，一類我們可以改變，另一類我們無能為力。對可能改變的事情要盡心盡力，不留任何遺憾和抱怨；對無法改變的事情則要灑脫放鬆，平靜地接受，

不讓它占據內心的空間，將其轉化為對生命的理解。佛陀教誨我們要懂得忍辱，忍辱就是安然地接納生命中發生的一切，不管是順境還是逆境。

一旦我們安然地接納之後，一切都能成為生命中的精采片斷，轉化為幫助生命成長的巨大力量。

強大的自我把我們內心的世界占領了，使之一點空間都沒有。我們的心像是一塊僵硬的石頭，難以鬆動、難以滲透。一定要學會接納，學會用柔軟的心來解讀人生，解讀生命，解讀周邊的一切。我們習慣了活在不接受的狀態裡，所以總是愛罵人、愛批評。其實被批評和謾罵的一方難以接受你的禮物，最後我們只能將自己的謾罵帶走。罵人時，受傷害的不是別人，而是自己。

生活中的一切活動都是自我的展示。只有這樣，自我才有存在感，才能獲得滿足和喜悅。所以我們一直放不下那份自我的遊戲。人們完全沉醉在自我意識的世界裡。人的痛苦來自於強大的自我執著，它就像一顆炸彈，隨時都有可能在生命中爆炸。不幸的是，我們一直都在擁抱著它，所以經常會有意無意地傷害自己和生命中重要的人。

請不要傷害，傷害是罪惡，是所有不快樂的源泉，它會帶來痛苦、沮喪、爭鬥、傲慢、憤怒等等負面情緒，傷害將破壞了幸福。我們總是陷於傷害和被傷害之中，人生因而充滿了無奈、麻木和茫然。傷害不僅發生在此刻，還會延續到整個生命裡，使生命充滿焦躁、不安和恐懼。如何消除傷害？消除傷害最有效的方法就是用愛去面對一切。

我們首先要做的是不傷害自己，然後才能談得上不傷害他人。不傷害是我們能夠給予自己和周圍人的一份美好的禮物。

接受是對治痛苦的最好方法。每個人的心靈都具有這種品質，都有接受他人的潛質。因此，學習接受很重要。透過經常練習，接受將變得自然，將給生活帶來更多的快樂和平靜。聆聽也是一種接受，它是理解的開始和良好溝通的前提，清空你的經驗和判斷，你會聽到從沒聽過的聲音。

愛的擁抱

我們從未與愛有過片刻的分離，
她一直就在你我生命的深處，
等待著我們甦醒。

愛是生活的核心及快樂的根源。沒有愛，人生就失去了意義，痛苦和憂慮就會占據內心，內心將是沒有力量的。施予的愛越多，體驗到的幸福就越多，這種體驗和外界無關，完全來自於內心。如果我們能讓愛自由表達，廣泛地施予愛，就會得到更多愛的回饋。如果沒有愛的付出，我們就會面臨愛的缺失。

人天生都對愛有原始的渴望，從而都會有意無意地去追尋。你談過戀愛嗎？一定要「忘我」地談一次戀愛，因為那一刻你全然地和生命在一起，能夠感受到生命的自由和溫暖。

擁有了愛，我們就擁有一切；缺失了愛，擁有再多的財富、再高的地位、再好的名聲，也仍然在饑渴裡。無論貧富貴賤，當擁有真誠的愛的時候，生命就是幸福快樂的！愛來自內心，是一種可以馬上生起正向能量的情感。懂得分享愛，將給我們帶來巨大的快樂。

有兩種愛，一種建立在執著的基礎上，另一種則是沒有執著的、更接近於天性的愛。愛的執著越強，自我意識就越強，這種愛會帶來更多的問題。我們似乎沒有體驗過真正意義上的愛，也區分不清楚愛和欲望。愛不是要求，愛不是希望，更不是占有。愛是什麼呢？愛就是愛！不帶任何雜質、不帶任何邏輯。

現實生活中要擁有純粹的愛是如此困難，父母對於孩子的愛可能是世上最單純最原始的愛，但奉獻中也會摻雜了期待和要求。

真愛超越了期望和絕望，不是情緒的產物，沒有對錯、沒有分別，更沒有欲求。真愛是忘我而存在，不需要前提條件，不預期未來結果。真愛讓人擁有燃燒自己點亮世界的勇氣，勇敢地將自己全部融化在萬物眾生之中，沒有一絲一毫的恐懼。

我們真正需要的是愛，生命因為有愛而變得極其簡單，絕無造作。因為有愛，人與人之間的隔閡、傷痛和懷疑都會消失。心靈的痛苦，只有愛才能化解。當生命體會到當下的真實和柔軟時，就接近了愛與慈悲。

理解是慈悲的開始，是能夠站在他人的立場上，感受他的痛苦，聆聽他的心聲，並與他的生命產生共鳴。培養慈悲心是消除我執的最佳途徑。當我們生起慈悲心時，就有能力消除由負面情緒造成的痛苦。包括我們在內的所有眾生，都希望離苦得樂，要達到這個目標的唯一辦法就是：發起真正的慈悲心。

以愛和智慧為主題的祈禱會帶給生命方向，讓生命充滿強大的勇氣和力量。每天祈禱，我們會從怨恨、判別和焦慮中走出來，甦醒自身的寧靜、安詳和喜悅。祈禱和信仰無關，祈禱讓我們與內心連結，讓散亂的生命變得完整。祈禱，可以讓我們丟棄困惑、自卑和狹隘的偏見，放棄情緒的接受和不接受。祈禱，可以還原生命的和諧與寧靜，讓我們能夠安然地接受一切。

很多時候，人們都是在為欲望而祈禱。祈禱不是乞討，真正的祈禱裡並沒有欲望的占有和控制。祈禱的目的是讓我們帶著祝福和愛，回到原初的清淨狀態，帶著生命本具的力量重返簡單真實，遠離分別怨恨，毫不吝嗇地與所有眾生分享生命的無限喜悅與寧靜。

佛堂、佛像和寺廟，是佛教的外在形式。佛教是佛陀的教誨，是智慧和慈悲，是覺悟之路。學佛就是學習做一個慈悲、智慧的覺悟者。佛陀就是我們和生命連結的橋梁及通道。他的存在，讓我們懂得了如何去改變自己，回歸無限的愛與智慧。

擁有強大的勇氣和廣博的愛，才有可能消除內心的恐懼。愛就是有勇氣擁抱一切，接納所有；愛是能夠犧牲自己，點亮世界。如同陽光裡面沒有黑暗一樣，愛的世界裡沒有危機和悲傷，更沒有恐懼。當我們為別人而活的時候，是我們想成為英雄；當我們真正為眾生而活的時候，我們可以犧牲。可以犧牲和想當英雄是截然不同的境界。

如果有足夠的勇氣，我們不會抱怨，會敢於擁抱生活中的一切。你就像一朵蓮花，周圍是溫暖的陽光，生活就是觸手可得的天堂。

清淨當下

真正的佛在每個人的心裡，
要學會跟自己心靈深處的佛對話。

我們往往迷失在標籤裡。其實這些標籤和生命沒有任何關係，卻在某種程度上和我們虛幻的自我連在一起，讓自我更有存在感和安全感。自我喜歡這樣的遊戲，因為這樣自我才會感到有力量。我們似乎無法活在沒有標籤的世界裡，標籤成了生活的存在方式，因此我們很辛苦，讓生命掙扎在數不清的標籤中。

「佛」也是一個標籤，標籤背後有很多文化和傳說。我們太常沉迷於佛的標籤而無法真正體會佛。我們在各種文化裡摻和、下工夫，最後失落於迷茫之中，找不到方向而失去了自己。

每個生命都擁有清淨的當下，但是我們從來沒有體會過它，我們只是在判斷、妄念和情緒的重複裡，日復一日，年復一年。柔軟的當下，就是生命真實的本然。柔軟是愛和智慧，不受外界的局限、不受形形色色標籤的干擾，如同一杯清澈的水，絕無雜質。

禪修的目的是理解和領悟當下。什麼是當下呢？當下就是無造作地安住在此刻的生命裡。人人都擁有當下，生命的當下富足而真實，充滿著溫馨的力量。一旦用理性思維去解讀當下，當下就消失了，我們就變得非常複雜。深深地吸一口氣，讓我們感謝這一瞬間，因為生命就在於此！禪修的目的不是要遠離生活，而是讓我們回歸生命本具的安然與自在。它是如此清靜而純然。

我們並不清楚哪裡是快樂的源泉，哪裡是痛苦的源泉。其實，快樂和痛苦的根源都是心。禪修是讓我們去明白心的本性。一旦明白了心的本性，就會發現連快樂和痛苦都只不過是假像，都是心的幻化而已。明白了自己，就明白了一切。我們能夠記住一萬個人的名字，也可以記住一萬個人的身分，反而不知道自己的身分究竟是什麼。即使明白了一萬件事情，還有那第一萬零一件讓你迷惑。我們明白了「一」，就明白了所有。

大腦無法停止重複的思維，這種無盡重複的思維成了我們很大的煩惱，讓我們根本無法體驗生命的安詳與寧靜。認同了思維，就成了思維的僕人。我們往往覺得我就是大腦，我就是思維。大腦和思維真的就是你自己嗎？禪修是讓我們超越這些思維，回到內心的深處。當真正進入禪修的時候，你會知道誰才是你生命的主人。

禪修講究兩個要點，安住和覺知。第一是無造作地安住在生命柔軟的深處，安住在生命的當下和真實裡。第二是覺知心靈的每一圈漣漪，不被妄念帶著奔跑，不讓妄念帶走生命的當下。禪修是丟掉所有對錯的認知，尤其是分別妄念，將心赤裸裸地安住在此刻生命的狀態，沒有任何造作和意念的呵護。

禪修不是在幻覺裡，而是覺察虛幻的躁動，是看到水中的影子而覺知到水和影子相互合一的本質。禪修是領悟心的相續和心的本質的合一。無造作地安住在生命此刻的狀態可以稱之為禪，清醒地帶著覺察自知的心可以叫做修。禪修就是培養安住並覺知的心。禪修要放鬆、自然、舒展、明覺地回到原本自在的境界。

禪修可以培養我們更細微的覺察力，從而將覺知帶進生活中。覺察力的提高，可以讓我們更能洞察自身，理解外界，有利於人與人之間的溝通合作，有利於精準有效地達成目標。陷入自我混沌狀態，會使生活出現太多的衝突。禪修培養覺察力，給生活帶來力量，讓生命有歸宿感。禪修讓我們與生命自然溝通的同時，也與外界自然連結，特別是明覺自身能力的提高，免受各類文化習俗的局限，不迷失於附加的標籤之中。

當煩惱的時候，想像自己放鬆地躺在柔軟的草地上，自由地張開雙臂，藍天靜靜地守著你，白雲慢慢地從眼前滑過，給你深情注視，感謝天……給你無限的空間。合上眼睛，大地穩穩地將你托起，小草溫柔地撫摸你每一寸肌膚，感謝地……給你無盡的安全。留意你均勻的呼吸、平緩的心跳、濕潤的雙眼、流動的血液……感謝父母，給你偉大的愛。這時，你會聽到鳥鳴，聞到花香，感受到陽光的溫暖……感恩生命，讓你如此地安然……

我們並不缺乏擁有，缺乏的是感受和溝通。藍天下、山野間，放眼白雲舒展、靜享清風拂面、傾聽萬物細語、深吸花果芬芳……當你感受了大地的豐富，大地就屬於你；當你感受了天空的遼闊，天空就屬於你；當你感受了存在的微妙，一切就屬於你！

超越邏輯

只要真誠地感受自己的生命，
就能擺脫局限，
生活就會充滿寧靜和喜悅。

有時候我們覺得不快樂是由於努力不夠，總是把希望寄託於未來的某一天。可是請想一想，我們已經度過了這麼多歲月，在未來的歲月裡我們能確保獲得快樂嗎？我們知道快樂是什麼嗎？現在不就是過去的未來嗎？也許即使快樂在眼前，我們都認不出它來。

經常有人說他不能信任任何人，有這種想法的人常常以為自己沒有問題，而問題在於他人，我們可以找出他人不可信賴的種種有力證據。按這個邏輯，實際上我們自己同樣也是不可信賴的。我們生活在一個條條框框的世界裡，就好像孵化在籠子裡的鳥，一直以為籠子就是整個世界。一個連翅膀都不能張開的地方，你怎能知道你本可以展翅翱翔！人們往往陶醉在自己的觀點裡，被判斷和執著淹沒了生命。

修行的真正含義和目的，就是改變自己的習性。改變猶如蛻變一樣痛苦，我們必須勇敢地掙扎而出，因為這是生命唯一的出路。人們往往在五官表象裡看到自己，用自己的邏輯、判斷和知識解讀人生。這種帶著偏見和比較的方式，產生了不認同、憤怒、悲傷甚至絕望，生活因此陷入無盡的煩惱。

我們無法基於自己的見聞和經驗去獲得事物的真相。儘管如此，大多數人還是依靠感覺和感知來做判斷。無明使我們無法瞭解事物的真相，因此導致了很多問題並由此產生了很多的困難和障礙。

人們普遍認為自己的信仰是終極的，這種觀念製造了很多問題。當我們抱著刻板的教條與他人的想法進行比較時，衝突就不可避免。世人執著於成見，必定容不下非議，以此造成的衝突不僅存在於家庭成員之間，也見諸於不同的文化傳統和宗教之中。

當對生活的認識建立在大腦思維的基礎之上時，我們會認為生活是相對穩定和不變的，進而會認為生活只有一個真相。每個人都會根據自己的見解、經驗和感覺得出真相，因此你我的真相均不相同。如果我們認為只有一個真相，那就是認為每個人都該具有同樣的想法。但事實並非如此，而我們的錯誤結論導致了很多分歧和衝突。

我們往往覺得煩惱和外界事物有關，但是仔細閱讀煩惱，會發現它只是你內心的看法和判斷所產生的，和外界事物毫無關係。我們的生活就是我們的看法。我們的幸福、快樂、恐懼、憎恨、不安和煩惱，都和我們的看法連在一起。如果看法發生一點革命、獲得一點解放，那些困難和危機也許會因此失去威力。

我們的看法來自於哪裡，我們是否想過這個問題？或許看法和生命一點關係也沒有，人們的看法和思維模式都是後天獲得的，當用這些觀點和思維模式來解讀自己的生活，生活就變得如此複雜。

邏輯和知識在生活中是不可缺少的，但是邏輯和知識代替不了生命本身。生命的存在與邏輯和知識沒有任何關係。你聽從邏輯，但生命不會聽從邏輯，邏輯對生命毫無價值，起不了任何作用。如果拋開有限的邏輯去感受無限的生命，也許更能接近生命的真相。生活中的很多東西都無法用邏輯來衡量，比如愛。愛和邏輯一點關係也沒有，愛絕不是透過學習和服從邏輯而獲得的，愛是生命裡自然流淌的能量。一旦出現邏輯，愛就消失了。

如果用邏輯來預測，就代表你還有疑惑，只有丟下疑惑，才能把愛全然地給予世界。邏輯使我們無法普遍地愛他人，生命因此陷入狹隘與沮喪。人類最大的悲哀是把妙不可言的生命局限於死板的邏輯之中！所以，我們需要超越邏輯的約束，在放鬆中發揮自己的潛能，體會生命本來的清淨。

敢於超越邏輯、接近困難，就是偉大的開始。以這種超越的心態去突破局限。面對生活，將會有無數的奇蹟展現在你面前。人類的偉大在於懂得思考，思考是非常重要的。佛陀講了八萬四千個法門，目的就是讓我們去思考；無論《金剛經》、《心經》，還是其他所有的佛經，沒有一個是講答案的，都是在啟發人們思考。

禪宗有一句話：「小疑小悟，大疑大悟，不疑不悟。」小小的疑惑和思考，可以讓你明白一些道理，大膽的懷疑和思考，可以讓你大膽地探索，明白更深層次的真理，得到更多的答案。而一點疑惑都沒有，意味著一點都不用思考，對於真理更是無緣參透。

正確的思考能讓我們創造奇蹟，反之，偏執的思考會給我們帶來狹隘、偏見、執著，讓我們無所適從。答案本身並不重要，重要的是思考，思考是答案的唯一主人。完美而真誠的思考，攜帶著完美而真誠的答案。

我們的潛能是超越時空與邏輯的。如果總是受欲望與情緒局限，就根本無法發掘這個寶藏。帶著祝福和愛的祈禱，能幫助我們摧毀自我的羈絆，開啟潛能的大門，讓生命在沒有邊際的天空自由飛翔！

感悟生命

每個人都渴望並探索著真理，
我們所探索的真理就在我們的生命裡。
生命，就是真理。

人終究是要死的，這個問題永遠是個問題。不管想還是不想，我們誰都不能保證明天自己還活著。生命中最能考驗我們的就是死亡，生命中最神聖的或許也是死亡。宗教的終極目的是什麼？是解決生死的問題。佛教的生死觀不是拒絕生死，而是安然地接納生死。

什麼是無常？我們很難把書本知識和理論的推斷帶入生命中，去理解無常，因為無常是無法用邏輯破解的。觀想無常，能幫助我們接受死亡並清晰生命的不確定性。對於無常的認識，也許會讓你了知生命的真相，從虛幻的騙局中覺醒而重新定義永恆，思考永恆。

當無常與死亡不再是未知的陰影，它們就再也無法籠罩你的生命。當死亡不足以影響我們去真正體驗生命的時候，我們就是真正超越了死亡。生命如此短暫，無論人多麼聰明勤奮博學，能在死亡來臨之前完成自己的所有目標嗎？因此，充分享受生命的每一刻，生命才會更有意義。人生就是當下一刻。

人生有三大祕密：我們無法知道自己何時死亡、無法知道自己在何處死亡、無法知道自己以何種方式死亡。對死亡的恐懼，讓我們難以回到生命的自然狀態，去解讀生命本身。思考死亡能夠使我們超越生與死的局限，並且超越生死帶來的希望與絕望，更深刻、更廣博地解讀人生、理解生命本身的存在。

人與人的經歷千差萬別，但生與死卻是每個人都要穿越的門。我們往往求生厭死，無力承受生命的消失，所以避免提及任何關於死亡的話題。其實，思考死亡會給我們帶來更多的價值。當你真正瞭解了死亡，就是瞭解了無常，也就懂得了擁有的內涵，也就會更加感恩與珍惜。

死亡是生命的一部分，它從未和生命分離過。對生命來說，唯一能確認發生的事實

就是死亡。生命從存在開始就不停地向死亡奔跑，死亡是生命注定的結局。拒絕死亡，就意味著拒絕生命，生命的存在就是死亡的存在。

對於死亡，更多的人知道它是在物質層面的一種消失，然而在心靈層面，我們卻無法確認死亡到底意味著什麼。不瞭解死亡，也許就不能真正瞭解存在，更不能瞭解生命；瞭解了死亡，也許就瞭解了生命的全部。透過死亡探索生命，將會與生命在更深層次連結。有限的認知讓我們相信死亡是生命的終點，但你是否想過，或許死亡也是生命的起點？

當死亡來臨的時候，如果我們帶著寧靜、喜悅，帶著祝福和愛離去，結局是多麼幸福快樂；如果帶著悲傷、寂寞，帶著恐懼和遺憾，結局是多麼悲哀可怕！真實地接納

死亡，會讓我們與無限的愛連結。

給自己一點時間，深刻地想一想：生命中歸根結底你最缺少的是什麼？每天忙碌也好，無聊也罷，煩惱重重，都是為什麼，到底要什麼？到底在追求什麼？今天摯愛的也許就是明天厭惡的，明天期許的也許就是後天躲避的，「要」與「不要」糾纏著我們整個的生命，掠奪了我們太多的時間和空間，我們因為不知道自己到底該「要什麼」和「不要什麼」而猶豫徘徊，就這樣，不知不覺地走完了全程。

身處如此繁華的世界、物質的天堂，我們卻幾乎沒有笑容。在生活裡笑不出來，難道在天堂裡能笑出來嗎？你是否想過，在過去的生活中，你的行為、言語和意識曾傷害過多少生命？然而反過來，你又真正成就過多少人呢？如果不能把你的感覺與你的心靈聯繫起來，即使到了天堂，也到不了快樂與幸福。

很多人都在努力尋找生命的答案。其實，世上沒有其他的答案，赤裸裸的自己就是答案。佛陀只是為我們指引方向，讓我們能更接近答案。生活中需要老師，生命中也是如此。老師讓我們懂得改變和進步，任何改變生命的元素都可以稱為老師。生活讓你改變，敢於面對生活，就意味著敢於親近老師，生活是生命最好的老師。

別人只能幫助你，只有你自己才能拯救你。佛教講的不是佛和菩薩的解救，佛教告訴我們，改變自己是拯救自己的唯一方式。

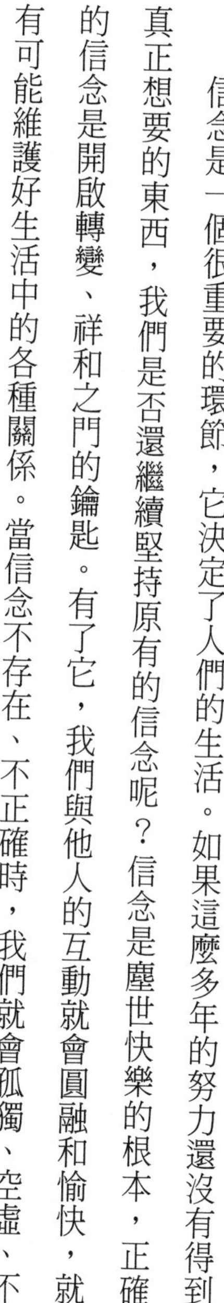

信念是一個很重要的環節，它決定了人們的生活。如果這麼多年的努力還沒有得到真正想要的東西，我們是否還繼續堅持原有的信念呢？信念是塵世快樂的根本，正確的信念是開啟轉變、祥和之門的鑰匙。有了它，我們與他人的互動就會圓融和愉快，就有可能維護好生活中的各種關係。當信念不存在、不正確時，我們就會孤獨、空虛、不快樂。

佛教的核心不在於信仰，佛教的核心是在生活中感悟人生、感悟生命、感悟自己。如果沒有一點感悟和改變，還是一味情緒深重、充滿煩惱，那麼，即使信佛一萬年也沒有任何意義。

修行的真正內涵和目的是什麼？是改變。人們往往沉迷在自我的觀點裡，無法改變。改變需要勇氣！改變自己，丟下自我的所有習性、判斷和執著，否則，判斷和執著就占據我們。很多所謂信佛供佛的人都在自欺欺人，其實供奉只不過是用來滿足欲望的另一種方式，從來沒有真正供奉過。

供奉給佛的東西，卻比佛還關心，這能叫供嗎？我們虛偽得連自己都不知道自己多麼虛偽。

沒有必要去改變生活的角色。生活本身就是一場戲，人人都是演員，扮演著不同的角色。接受你的角色，但記住這只是一場戲。所有的東西，我們只有使用權，沒有擁有權。雖然我們認為生活當中的任何東西都必須要擁有，比如房子、金錢和權力，事實上我們連自己的身體都無法擁有，也只是暫時地使用罷了。

我們崇尚複雜的生活，因而失去了單純的生命，變得如此脆弱、痛苦、不自在。不管追求什麼，我們最需要的是自由。真正的快樂是什麼？是我們的自由。自由來自於生命。在生活和生命之間，我們需要更多瞭解的是生命。生活是生命的產物，是為生命服務的，應該為生命帶來和諧、安詳、快樂和喜悅。

我們唯一能選擇的就是過好每一天。能真正擁有的就是此刻，此刻改變就是所有的改變。

此刻是過去的延續，未來的開始；此刻是一切力量的根源，是一切的起點。當下從沒有與生命分離過，它就是你的本質。當內心深處沒有任何掛罣，把嫉妒的心、憤怒的心、貪婪的心、懷疑的心、執著的心，八萬四千個心全部歸零，連自己的性別、身分等等一切都沒有了，我們就回到了一個「空」的狀態。這是每個生命原始的本然。

回到生命的當下，去感受生命本身！

觀自在 BA1043

愛是勇者的遊戲：阿噶巴仁波切對於愛與真理的探索

作　　者　阿噶巴仁波切
責任編輯　于芝峰
協力編輯　洪禎璐
版面構成　劉好音
封面設計　柳佳瑋

發 行 人　蘇拾平
總 編 輯　于芝峰
副總編輯　田哲榮
業　　務　郭其彬、王綬晨、邱紹溢
行　　銷　陳雅雯、余一霞

出　　版　橡實文化 ACORN Publishing
臺北市 105 松山區復興北路 333 號 11 樓之 4
電話：(02) 2718-2001　傳真：(02) 2719-1308
E-mail 信箱：acorn@andbooks.com.tw
網址：www.acornbooks.com.tw

發　　行　大雁出版基地
臺北市 105 松山區復興北路 333 號 11 樓之 4
電話：(02) 2718-2001　傳真：(02) 2718-1258
讀者服務信箱：andbooks@andbooks.com.tw
劃撥帳號：19983379　戶名：大雁文化事業股份有限公司

印　　刷　中原造像股份有限公司
初版一刷　2019 年 09 月
定　　價　350 元
I S B N　978-986-5401-02-3

國家圖書館出版品預行編目資料

愛是勇者的遊戲／阿噶巴仁波切作．－初版．－臺北市：橡實文化出版：大雁出版基地發行，2019.09
224 面；22*17 公分
ISBN 978-986-5401-02-3（平裝）

1. 藏傳佛教 2. 佛教修持

226.965　　108012761